华东师范大学出版社

前厅运营与管理

职业教育旅游服务类教学用书

主　编　许彦
副主编　杨晓红
参　编　孙　莉　储一清
主　审　封志刚

Chubanshuoming | 出版说明

"前厅运营与管理"是酒店类服务性行业从业人员必须掌握的一项技能。本教材面向职校酒店服务与管理、旅游服务与管理等相关专业，以女主角艾米在一家星级酒店前厅部的实习生活为线索，设计了"认识篇"、"重点服务篇"、"其他服务篇"、"基础管理篇"共计四篇十一个模块，对前厅部服务与管理工作中的细节进行阐述。

本教材的编写主要体现任务引领、情境教学，同时，注重培养学生发现问题、分析问题、解决问题、拓展思考的能力。案例与知识点穿插结合，并设计了各种生动有趣的小栏目，丰富了教材内容，具体如下：

小提示：对重要岗位技能及注意事项进行补充介绍。

知识拓展：帮助拓展学生知识面。

案例展示：采用紧贴实际的生动案例，帮助学生巩固所学知识点。

课后小舞台：结合模块所学知识点，进行实际情境模拟操练。

本书采用大量全彩印刷的真人实拍图，内容丰富实用、形象生动。

华东师范大学出版社

2013年7月

Qianyan | 前　言

　　"前厅运营与管理"是酒店类服务性行业从业人员必须掌握的一项技能。本教材面向职校酒店服务与管理、旅游服务与管理等相关专业，以女主角艾米在一家星级酒店前厅部的实习生活为线索，设计了"认识篇"、"重点服务篇"、"其他服务篇"、"基础管理篇"共计四篇十一个模块，对前厅部服务与管理工作中的细节进行阐述。

　　本教材打破了常规教材格局，有别于传统教材的章节式，以女主角艾米不同的工作内容为单位形成"篇"，每个具体的岗位为一个"模块"；每一个模块设置多个具体的工作任务，成为"话题"；在各个工作任务中，具体遇到的问题为一个"探索"，继而展开分析，并进行拓展。

　　本教材的编写主要体现任务引领、情境教学，同时，注重培养学生发现问题、分析问题、解决问题、拓展思考的能力。案例与知识点穿插结合，辅以"知识拓展"和"小提示"等小栏目，使得教材内容充实、灵动活泼。

　　书中引用了大量案例，并采用真人实拍图，使得教材更具吸引力、案例更具说服力。

　　本教材由许彦担任主编并统稿，孙莉、褚一清参与编写并由杨晓红老师负责审核。

　　在编写过程中，上海市金外滩宾馆提供了场地和人员，并给予了许多宝贵的意见和建议，同时也得到了李文亮校长、沈瑗主任和嵇东明先生的大力支持，深表感谢！

　　由于时间紧迫，加之作者水平有限，书中难免有不妥之处，恳请广大读者批评指正。

编　者

2013年6月

Contents | 目 录

认识篇
——走进前厅部

模块一
前厅部很重要

学习目标

- 了解前厅部在酒店中的地位以及前厅部和其他部门的联系。
- 了解前厅部的岗位设置及岗位职责。
- 了解前厅部的布局和设置。
- 了解前厅部的发展趋势。

话题一　前厅部在酒店中的地位

艾米的困惑

　　这是艾米第一天来到酒店的前厅部实习，充满了兴奋与好奇。前厅部的经理正在给她介绍前厅部的重要性、岗位设置和岗位职责。在听讲过程中，艾米发现原来前厅部并不仅仅是一个独立的部门，而是与其他部门之间有着千丝万缕的关系。经过讲解，她才知道了前厅部的重要性和庞大的工作量，并立刻打消了以前觉得前厅部工作最轻松的念头。

　　前厅部（Front Office）是酒店运作的中心，被视为酒店的"神经中枢"，它虽不是酒店的主要营业部门，但其运转的好坏却直接反映出酒店的服务质量和管理水平，影响酒店的经济效益和市场形象，可以说前厅部是客人与酒店之间联系的纽带，并对周而复始的对客服务过程起着承上启下的作用。

　　前厅部的工作流程是一个完整、循环的过程，通常由接待处、问讯处、礼宾服务处、前台收银处、客房预订处、电话总机、商务中心、大堂副理等组成，其主要机构均设在宾客来往最频繁的酒店大堂地段。前厅部的主要职责有：招揽并接待宾客，销售酒店客房及餐饮娱乐等产品，协调酒店各部门的对客服务，为酒店各相关职能部门提供各种信息咨询等。

　　① 前厅部是酒店招揽客源、销售酒店客房及餐饮娱乐等产品，提高酒店收入的关键部门。客房收入占酒店总营业收入的比重很大，通过招揽客人销售客房可以在很大程度上提升酒店的经营业绩。此外，前厅部通过销售酒店的餐饮及康乐等各种娱乐产品也大大提升了酒店的收益。不仅如此，前厅部还可以通过提供邮政、电讯、票务以及商务用车等各种综合服务直接取得经济收入。

　　② 前厅部还能通过销售酒店的各项产品来带动其他部门的经营活动、协调酒店各部门的对客服务，及时将客源、客情、客人的需要及投诉等各项信息通报相关部门，确保服务工作的效率和质量。

　　③ 前厅部还是酒店管理的参谋和助手，为酒店管理层以及相关职能部门提供各种他们所需要的信息作为参考，帮助酒店更好地运作。前厅部直接面对市场，面对客人，可以及时收集市场变化、客人的需求和对整个酒店管理服务满意度的各种信息，通过统计分析，及时将整理后的信息向酒店决策层进行反馈，并与有关部门沟通协调，采取对策。因此，酒店管理层制定和调整酒店经营对策可以参考前厅部提供的各项数据。

　　综上所述，在酒店中前厅部就是一个"对客服务中心、内外信息中心、工作协调中心"。前厅部在酒店中的地位决定了它需要担负的主要工作任务,同时,其主要的工作任务也决定了前厅部在酒店中的地位。

话题二　前厅部岗位设置及岗位职责

艾米的困惑

　　艾米在前厅部已经实习了一段时间,昨天她接到经理的指示让她去商务中心轮岗实习,而艾米对于商务中心的认识仅来自于课本和岗前培训。今天,她要做的工作是帮助客人预订一间会议厅,当她把客人的各项需要都记录下来后,准备做预订工作时,发现自己忘记了一件十分重要的事情,就是询问客人会议的性质。会议性质不同,会议室的种类就不一样,即使是同一间会议室,采用的桌型也有很多种。艾米只好再次找到客人,麻烦他确认遗漏的信息……一天下来,各种繁琐的工作让艾米疲惫不堪,早期她对前厅部只需要管管大厅的这一概念早已不复存在。原来前厅有那么多的工作,具体到底还有哪些岗位设置呢?这些岗位的职责又有哪些呢?疲惫的艾米带着问题进入了梦乡。

探索一　前厅部的岗位设置

　　酒店的规模有大有小,前厅部组织机构和岗位设置也会因此有较大差异。酒店一般设有房务部,下设前厅、客房、洗衣部和公共卫生部四个部门,统一管理预订、接待、住店过程中的一切住宿业务。前厅部的岗位设置大体上分为以下几种情况。

1. 按照酒店规模大小区分岗位设置

　　根据酒店规模大小的不同,前厅部组织机构的岗位设置有很大区别,主要表现在以下三个方面:

　　① 大型酒店前厅部管理层次多,而小型酒店层次少。如:大型酒店前厅部组织机构中有部门经理级、主管级、领班级、员工级四个层次;而小型酒店可能只有经理级、领班级(或主管级)、员工级三个层次。

　　② 大型酒店前厅部组织机构内容多、范围广,而小型酒店内容少。如:大多数大型酒店的前厅部设有商务中心、车队等;而小型酒店则没有。

　　③ 大型酒店前厅部职能划分精细,由不同的岗位负责;而小型酒店则可能将其合三为一,甚至合四为一,如:将客房预订、接待、问讯、前厅收款一并归入前厅部接待。大、中、小三种不同规模酒店的前厅部岗位设置分别如图1-1、图1-2、图1-3所示。

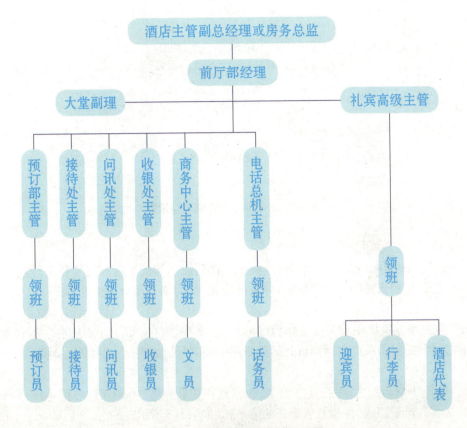

图1-1 大型酒店前厅部岗位设置

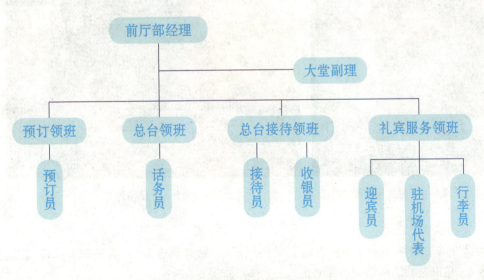

图1-2 中型酒店前厅部岗位设置

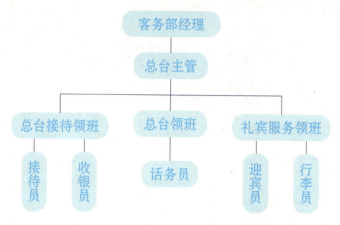

图1-3　小型酒店前厅部岗位设置

2. 按照酒店不同职能区分岗位设置

在酒店组织机构确定后,前厅部还应根据本部门所承担的职能和工作任务,进行工作设计和岗位设置,依照责任明确化、任务具体化的原则,分为以下几个主要机构:

（1）客房预订处

随着酒店业竞争加剧和市场开拓力度的加大,客房预订的职能逐渐从前厅部剥离出来,转而归属营销部,这是现代酒店预订处运营职能提高的具体表现之一,如图1-4所示。

（2）接待处

接待处位于酒店的大堂内,任务繁多,包括接待住店宾客、办理入住登记手续、协调对客服务等,是客人接触酒店、体验酒店服务的第一站,如图1-5所示。

图1-4　客房预订员

图1-5　接待处

（3）问讯处

问讯处的主要职责是掌握住客动态及信息资料,解答宾客问讯,处理宾客邮件、留言,接待访客等,它也是酒店体现对客服务的关键一站,如图1-6所示。

（4）电话总机

电话总机的主要职责在于转接电话、提供叫醒服务、回答电话问讯、电话找人以及受理电

图1-6 问讯处

图1-7 电话总机

话留言、电话投诉等,是客人住店是否愉快的基本保障,如图1-7所示。

（5）礼宾部

礼宾部一般由礼宾服务主管、领班、驻机场代表、迎宾员、行李员、委托代办员等组成（在一些大型豪华型酒店特设有"金钥匙"），如图1-8所示。

（6）收银处

前厅收银处在组织机构上通常隶属于酒店财务部,但由于工作地点位于酒店大堂,因此直接参与对客服务。前厅收银处在对客服务环节上与接待处、问讯处和预订处有着不可分割的联系,对服务质量有着共同标准。一些酒店鼓励前厅部参与、协助对前厅收银处员工的管理和考核,实行双重管理。

图1-8 礼宾部

图1-9 收银处

（7）商务中心

随着经济的日益发展,商务型客人越来越多,因此商务中心也变得极其重要起来。商务中心的主要业务包括提供文字处理、文件整理、装订、复印服务;提供长途电话、传真及国际快运服务;提供秘书、翻译服务;提供会客洽谈服务;提供商务服务等。如图1-10所示。

（8）大堂副理

大堂副理是酒店联系顾客的纽带,为顾客提供个性化的服务,提高顾客在酒店居留期间的满意度,如图1-11所示。

图1-10　商务中心

图1-11　大堂副理

探索二　前厅部的岗位职责

1. 预订处的职责

① 受理并确认各种来源的订房及订房的更改、取消。

② 记录、存放按日期、字母顺序排列的各类预订资料。

③ 做好客人抵店前的各项准备工作。如:为客人预留房间,提前做好贵宾接待规格的报表审批及通知工作,逐一落实订房客人的特殊要求,为抵店的预订客人准备好登记表等。

④ 制定客房出租车情况的客情预测表及其他统计分析报表,为酒店领导及其他部门提供经营信息。

⑤ 保管、更新各种文件、资料。

⑥ 管理客史档案。

> **小提示**
>
> 每个酒店的前厅部应根据所在酒店的性质、规模、地理位置、经营特点及管理方式等因素灵活设置组织机构。
>
> 在设置前厅部的组织机构时,应避免因人设事、因人设岗的现象,防止机构臃肿,但同时也应避免出现机构过分简单化、职能空缺的现象。

2. 接待处的职责

接待员的主要任务是销售客房和安排房间。大多数客人对整个酒店的管理及其员工服务的第一印象就是从接待员所提供的服务中获得的。其主要职责如下:

① 办理客人的入住登记手续。

② 排房,定房价。

③ 正确地显示客房状况。

④ 协调对客服务,保持并发展与有关部门间的有效沟通。

⑤ 建立客账。

⑥ 制作销售客房的统计分析报表。

⑦ 在节假日或非正常班工作时间内,代理前厅非24小时运行的部门的工作。

3. 问讯处的职责

问讯员的首要任务是向客人提供准确无误的店内外信息,同时,在客人住店期间,还要提供钥匙、邮件等其他服务项目。其主要职责如下:

① 熟悉本酒店的一切情况,熟练掌握电脑操作,熟悉本市、本地区的主要游览、交通、购物、民俗等情况,对客人的问讯能够给予及时和准确的答复。

② 为客人代办代理订房、飞机车船票购买、取送物品、邮寄包裹信件、购物、签证等各项相关服务,为客人解决遇到的一切疑难问题。

③ 根据来访者提供的信息(姓名、房号等)与住客联系,经住客同意后,安排与之会面。

④ 收发保管客房钥匙,客人外出时,暂时代替客人保管。

⑤ 接待处理客人的投诉与意见,通过与相关部门沟通、协调解决服务中的问题。

4. 电话总机的职责

人们第一次,甚至有些场合与酒店的唯一接触就是通过电话,因此话务员的工作效率与服务用语、语态对于酒店的形象至关重要。其主要职责如下:

① 转接电话。

② 挂发国际、国内长途,并计算费用。

③ 提供叫醒服务。

④ 提供留言服务。

⑤ 提供查询服务。

⑥ 提供传呼、找人服务。

⑦ 做好其他服务项目,如:监视火警报警及电梯运行装置、播放背景音乐等。

5. 礼宾部行李员的职责

行李员负责迎送客人,为客人运送行李,与客人近距离接触。其主要职责如下:

① 做好随时为客人服务的准备。

② 在大厅迎送宾客,主动提供为客人带路、运送行李、寄存行李、提取行李等服务,并介绍各种酒店服务设施与使用方法,收取钥匙,出借酒店的雨伞、轮椅和包装物品,以及提供派送各种留言、报表、报纸、杂志、信件、通知、传真、特快专递、电传等服务,态度应热情周到。

③ 看管行李专递,协助本部门和其他相关部门运送物品。

④ 提醒客人注意行李物品的安全,建议贵重物品与大额现金到总台保险柜保管。

⑤ 外出完成委托代办服务。

⑥ 在区域内回答客人的询问,并向客人提供本酒店和本市的基本情况,方便客人出行。

⑦ 更换本酒店的各种旗帜。

⑧ 负责酒店的专线服务,并做好相关记录。

6. 收银处的职责

收银处员工主要负责宾客在店一切消费的收款业务。其主要职责如下:

① 在严格遵守财务制度和操作规程的基础上,建立和管理宾客账目,提供客人一次性结账服务,处理旅行团队的经费结算业务。

② 与酒店各营业点收银员联系,核实、催收账单,准确记录客人的消费总额。

③ 准确熟练填写发票,收、点客人的现金、支票。

④ 代办宾客的外币兑换、零钱兑换服务。

⑤ 提供宾客消费构成的统计分析资料,以供酒店管理层决策和改进服务做参考。

7. 商务中心的职责

商务中心文员能够向客人提供通讯、交通和秘书性质的服务。其主要职责如下:

① 为客人提供打字、翻译、复印、传真、长途电话以及互联网等商务服务。

② 为客人提供高效的秘书性服务,便于宾客工作。

③ 提供文件加工、整理和装订服务。

④ 提供计算机、幻灯机等的租赁服务。

⑤ 提供代办邮件和特快专递服务。

⑥ 做好客人委托的其他代办服务等。

⑦ 提供良好的商务活动环境和商务服务,争取尽可能多的商务客源。

8. 大堂副理的职责

大堂副理处等各岗位人员的职责如下:

① 代表酒店迎送VIP宾客,处理重要事件以及记录特别客人和宾客的有关事项。

② 迎接并引领重要宾客到指定的房间,并介绍房间设施和酒店情况,作重要宾客离店记录,落实贵宾接待的每一个细节。

③ 了解当天及以后房间状态走势,尽量参与接待处工作,与宾客谈话时可适当介绍酒店设施。

④ 处理客房部报表与接待处之间出现误差的房间,并亲自锁定房间。

⑤ 为生病或发生意外事故的宾客安排送护或送院事宜。

⑥ 如果宾客有贵重物品遗失,大堂副理负责协助寻找及善后的处理工作。

⑦ 处理宾客投诉,针对宾客心理正确解决问题。

⑧ 每天坚持记录当天发生的事及投诉处理情况,并向前厅部经理汇报。

⑨ 决定是否处理宾客支票及处理关于宾客结账时的问题。

⑩ 与财务部人员配合,追收仍在酒店住宿宾客拖欠的账款。

⑪ 对酒店内外进行巡查,以保证各项功能运转正常,以及排除可防范的可疑因素。

⑫ 与保安人员及工作部人员一起检查发出警报的房间。

⑬ 与保安部及接待处紧密联系,当遇到危险事故,应果断决定,视情况疏散宾客。

⑭ 检查大堂范围内需维修项目,并督促有关部门及时维修。

⑮ 记录和处理换锁、换钥匙的工作。

⑯ 做好本单位范围内的防火防盗工作。

⑰ 向领导反映有关员工的表现和宾客意见。

⑱ 在前厅部经理缺席的情况下行使前厅部经理的权职。

⑲ 做好领导交代的其他工作。

知识拓展

前厅部经理职责简介

1. 前厅部经理必备素质要求

　　① 专业知识；② 计划能力；③ 执行能力；④ 营销能力；⑤ 管人能力；⑥ 控制能力；⑦ 培训能力；⑧ 赞美能力；⑨ 财务知识；⑩ 组织能力；⑪ 包容能力。

2. 前厅部经理的工作细节要求

　　① 积极的工作心态；② 遇到问题不抱怨，多提案；③ 主动协助其他部门；④ 注意形象；⑤ 勤学好问，提升自我；⑥ 谦虚，不骄矜；⑦ 诚实守信，遵守诺言；⑧ 实行走动式管理。

3. 前厅部经理工作内容简介

　　① 检查房间的预订情况，了解和掌握房态。

　　② 检查电话话务员的语音、语气、声调是否清晰、柔和、有礼貌，服务时是否周到以及是否能帮助宾客解决疑难问题。

　　③ 检查其他人员，如：负责分送报纸、报表或接待工作的员工是否尽职尽责、保质保量地完成工作。

　　④ 参加部门会议、业务会议、例会等，提出工作疑难问题、工作建议、工作计划等，并请上级领导决策。

　　⑤ 审阅下属各部门的工作报告和工作日志、报表。

　　⑥ 制定和实施培训计划，并对下属员工做思想教育和工作培训。

　　⑦ 负责门前迎送VIP客人的工作督导和指挥。

　　⑧ 抓好本部门的安全和卫生管理。

【案例展示】

大堂副理的琐碎工作

事件一：一次，某公司的李先生找到大堂副理，说他很担心分公司两位客人的安全，因为这两位客人直到早上10点还没到公司，而且手机也打不通，所以李先生要求大堂副理去客人的房间看一下情况。由于大堂副理知道这两位客人是前天喝醉酒的，且与保安同事去他们的房间查过多次，于是就马上找到保卫人员陪李先生一起到客人房间查看情况，果然，两位客人仍然在房间内宿醉不醒。

事件二：一位结过账的外国客人找到大堂副理，说他的腰包丢了，里面有护照、信用卡、银行支票及一些美元等财物，接着他又叙述了他这两天去过的地方。当班的大堂副理按照他的叙述逐一联系他去过的地方寻找失物，但没有结果，于是建议他打电话去银行注销信用卡账户；接着，又按照客人的要求打电话向公安局报失，但当地公安局表示要客人本人在24小时内亲自去才可以报失，因担心客人语言不通，大堂副理又与其曾住过的北京某酒店联系，讲明客人随时需要他们的帮助，对方很快派人帮助客人解决了。

案例分析：作为酒店服务者代表的大堂副理，除了要解决帮助客人寻物、找人等琐碎的事情外,有时还要处理解决一些突然出现的矛盾。比如,两位客人从机场坐出租车到酒店,下车后客人说公司的人会付车费给司机,但这位司机一定要客人先付车费才让客人将行李搬下车,酒店大堂副理试图说服司机,但这位司机不同意还与客人争吵起来,无奈的大堂副理找来警察才平息此次纠纷,并为客人垫付了车费。

大堂副理几乎每天都要面对诸如此类的琐事,而他们的职责意味着必须竭尽全力地处理好,因为酒店无小事,每一件事情都关乎着酒店的声誉,体现着酒店的形象。

话题三 前厅的布局和设备

艾米的困惑

实习的这段日子里,艾米不仅深刻地认识到了前厅工作的重要性,还对前厅的布局有了一定的了解。原来,整个从大门到大厅,甚至连公共卫生间都属于前厅部的范畴。那么,前厅还有哪些设备呢? 前厅又是如何布局的? 让我们跟着艾米一起去走一圈看看吧。

1. 正门入口处

正门入口处是酒店的门面,是客人对酒店的第一印象,也是人来车往的"交通枢纽",如图1–12所示。正门外应有车道和挡雨篷,正门台阶旁还应设有专供残疾客人轮椅出入的坡道。酒店大门多为玻璃拉门、转门或自动门。为保持全天空调温度的稳定,门以双层为佳,既能节约能源,也能减少尘土刮入,保持大厅的清洁。从入口到酒店内各个重要人流经过处需铺设条形地毯,加上适当的装饰,以形成明确的人流走向。

2. 服务区

服务区主要包括总服务台(前台)、礼宾处、客人休息区、大堂副理处、行李处等。总服务台是向宾客提供接待、入住登记、结账、问讯等各项综合服务的地方,它的布局和设备直接关系到工作效率和服务质量,如图1–13所示。

(1)总台的位置

理想的总台应该使总台员工既能清楚地观察到整个大堂、电梯及各出入口基本情况,又能使客人容易看到或找到,便于服务、管理和控制。

(2)总台的尺寸

总台的长度和面积应与酒店规模、等级成比例。例如,国际喜来登集团的服务台标准是:每200间客房,柜台长8米,台内面积23平方米;每400间客房,柜台长10米,台内面积31平

图1-12　正门入口处

图1-13　服务区

方米；每600间客房，柜台长15米，台内面积45平方米。总台一般设计成两层、重叠的工作面，外层高度为110厘米左右，台面宽度应限于65厘米至80厘米之间，通常应有1米至1.5米的距离，供接待员活动或摆放工作文件。

（3）总台的形状与布置

为了给客人营造一种良好的空间印象，总台的形状通常选用长排水平式柜台。总台上方应悬挂功能标牌，如：接待、问讯、收银等，让宾客能够很容易地找到服务处，功能标牌一般以10厘米大小的字体悬挂在约2米左右的高度。星级酒店的总台还提供国际时间、天气预报、外币汇率牌等内容，方便住店宾客查询。

（4）总台的装饰材料

装饰材料一般采用经久耐用、易清洁的材料，应与大堂的整体氛围协调。

3. 休息区

前厅休息区要求相对宁静和舒适，是专供客人等候、休息或约见亲友的场所，如图1-14所示。休息区的布局和装饰应别具一格，运用各类沙发、茶几及台灯来凸显该区域。沙发可根据需要围成几组方形，在人流进出频繁的大厅构筑一个宁静舒适的小环境，供客人放松。休息区的座位数量不宜太多，大约按照每15个房间一个座位的比例进行配置，过多的座位会吸引一些"不合时宜"的客人，影响酒店的形象。因此，休息区原则上不宜提供太多座位，部分客人可以站立等候，同时，这样做也可以使部分客人选择在大堂吧休息，帮助促进大堂吧的盈利。

4. 公共卫生间

酒店大厅通常都设有公共卫生间，如图1-15所示。公共卫生间要宽敞、明亮、干净，设施要完好、用品要齐全。公共卫生间的设施主要有便器和洗手池，还应配有洗手液、烘手器、面巾纸、小毛巾等用品。

从某种意义上讲，公共卫生间可以反映出酒店的档次和服务水准。因此，公共卫生间在装饰材料的选择上也要格外注意，应与大堂的整体装修风格相匹配。公共卫生间的位置选择也很重要，大堂有众多的进出人流，因此公共卫生间的位置应设置在方便客人寻找和使用，又不那么引人注意的地方，但标志要明显。

图1-14 休息区

图1-15 公共卫生间

课后小舞台

1. 请谈谈你对前厅部在酒店中地位的看法,说说为什么前厅部在酒店会有如此的地位?

2. 请同学们根据本模块所学内容说一说酒店礼宾部的岗位职责。

3. 请同学们根据本模块所学内容谈谈酒店服务区的布局和设备。

重点服务篇
——热情周到的预订和总台服务

模块二
预订服务

学习目标

● 了解电话、网络、传真等预订方法，并能熟练、规范地为散客、团体进行预订工作。

● 能妥善处理超额预订、预订变更、取消等情况。

● 能合理进行预订失约、控制的处理。

话题一　办理预订

艾米的困惑

　　经过半个月的培训后，艾米今天正式上岗，十分兴奋。由于现在是旅游高峰时期，客人络绎不绝，酒店工作人员应接不暇，无暇顾及艾米。凑巧预订电话铃声响起，艾米想帮大家分担一些任务，于是主动接起了电话。电话是来自杭州的客人陈先生。他想于本月10日到上海游玩，因此预订酒店的大床房入住。艾米依据培训时所掌握的客房预订要求，热情地一一询问了陈先生的相关信息，并做好记录。艾米很认真地完成了这次预订工作，十分高兴，于是把记录情况上报给领班，但在上报过程中发现了一个重大纰漏：忘记询问客人入住天数。原本还兴高采烈的艾米这下傻眼了，忙追打给陈先生。那么在做客房预订工作时，我们应按照什么程序进行呢？应记录哪些信息呢？

　　客房预订工作开始于客人抵达前，其效率和质量往往影响着客人对酒店的印象，因此前厅工作人员要送上热情完善的服务，增加客人的满意度，争取到客人，从而增加酒店的经济效益。根据客人的类型，预订服务可分为散客预订、团队预订、VIP预订。

图2-1　电话预订　　　　　　　　　　图2-2　订房单

探索一　散客预订

散客（FIT）预订就是指那些入住酒店、但不通过团队形式预订的客人。酒店每日客房的平均价格的高低很大程度上依赖散客，因为散客订房利润较高，所以要争取到更多的散客订房。

散客预订可通过电话、网络、传真等方式进行。

1. 电话预订

电话预订是散客订房最常用的方式，迅速、简便，易于客人与工作人员之间的沟通，如图2-1所示。工作人员接到预订电话时要热情耐心地回答客人的咨询，全面详细地了解客人所需，并认真做好相关记录。具体操作程序与标准如表2-1所示。

表2-1　电话预订的程序与标准

程　　序		标　准　要　求
1	接电话	铃声响起三声内
2	问候客人，自报家门	①问候语：早上好、下午好、晚上好； ②报部门和姓名 注：声调友好、亲切、动听
3	聆听客人需求，询问客人信息	①问清客人的到达与离店日期； ②问清客人的姓名（中英文拼写）、人数、房型要求、房价、数量、出行目的
4	查看房态，推销房间	①介绍房间种类并根据客人的需要推荐客房； ②若房态不允许，客人同意后列入等候单
5	记录订房信息	根据酒店订房系统记录所有订房信息，包括客人姓名、入住时期、房型和价格等
6	询问客人抵达情况	①询问抵达航班及时间； ②向客人说明房间保留到入住当天18：00； ③若客人抵达的时间超过18：00，可用信用卡做担保预订
7	询问客人付款方式	客人付款方式大致可分为以下5种： ①现金结账； ②信用卡结账； ③旅行支票结账：客人登记时出示旅行支票，等同于现金； ④旅行社给客人的支付凭证（voucher）：客人登记时出示支付凭证，财务部在客人离店后凭支付凭证向旅行社收款； ⑤预付款：第三方事先将现金或信用卡授权交至酒店 注：①客人的付款方式要在预订单上注明，如图2-2所示； ②若公司为客人承担费用：要求在客人抵达前发书面信函以作担保，财务部在客人离店后将账单寄至公司，公司再汇款至酒店账户

（续表）

程　序		标　准　要　求
8	询问客人特殊要求	① 客人是否需要接机、订餐、订票等服务； ② 客人是否需要确认件，要留下对方的传真号或电子邮件地址； 　 如果预订有任何疑问，可通过上述方式找到预订人
9	询问预订人或预订代理人的情况	询问预订人或预订代理人的姓名、联系方式、电话号码
10	复述预订内容	复述预订内容如下： ① 客人姓名； ② 预订日期、抵达和起飞航班； ③ 房间种类、房价、数量； ④ 客人特殊要求； ⑤ 付款方式； ⑥ 预订代理人情况
11	完成预订	感谢客人的预订

 知识拓展

酒店客房类型及预订简介

1. 酒店的客房类型

（1）按房间内床的设置划分

- 单人间（single room）：房内设单人床1张。
- 双人间（twin room）：房内设单人床2张，也称为标准间（standard room）。
- 大床间（double room）：房内设双人床1张。
- 三人间（triple room）：房内设单人床3张。

（2）按房间布置的等级划分

- 标准间（standard room）：带卫生间的双人间。
- 商务间（business room）：面积一般比标准间略大，设有标准的办公桌、充足的照明设施、电脑接口，有些还备有传真机。
- 豪华间（deluxe room）：面积大于标准间，房内设施设备及客用品比标准间高档。
- 普通套间（standard suite）：设有客厅，卧室为两间相通的客房。
- 豪华套间（deluxe suite）：设备设施豪华齐全，一般房间数及卫生间数均在两间以上，有些还备有会议室、书房。

2. 酒店订房确认的种类

（1）临时性预订（simple reservation）

临时性预订是指即将抵达酒店前，甚至到达当天的订房。只给予口头确认。接受此类预订时,应注意询问客人的抵店时间或航班车次,并将需要提醒客人注意的事项(如:客房只保留到18:00等)告诉客人。

(2)确认性预订(confirmed reservation)

酒店事先同意为客人将客房保留至某个规定的时间(通常是下午4点或6点),一旦过了这个时间点,如果客人未抵达也不联系酒店,即不予保留,酒店可根据出租房情况予以安排。

(3)担保预订(guaranteed reservation)

客人提供保证他/她在预订的当天会如期入住,否则将承担经济责任。如果当天客人没有取消预订,也没有入住(no show),那么客人仍旧需要支付费用。这类预订确保了酒店的营业收入。担保手段包括以下几种:

①现金担保;

②信用卡担保;

③合同担保。

担保预订在一般情况下可以取消,除非酒店有专门规定。如果要取消,则一定要在1天前,在24小时之内取消的仍旧要收取1天的房费。

3.订房特殊情况的处理

(1)客人订房时无房

①向客人道歉,说明原因。

②询问客人是否有变动的可能,是否愿意将名单列入候补单。

③若客人不愿意,可以建议客人到其他酒店入住。

(2)预订房间时指定房型、楼层、房号

一般酒店不接受指定房号的预订,但会答应客人尽量安排。如果是VIP客人、常客或客人的意愿很强,那么可以视情况而定:

①查看房态,看是否可以满足客人的指定性预订,如果有空房,应立即办理预订手续且将房号输入电脑。

②如果无法满足,向客人做好解释工作,并推荐其他房型。

【案例展示】

818房变成822房

陈先生及其公司同事一行人本周在上海出差,并在某酒店8楼订了3个房间。周六,陈先生的老板也要到上海洽谈合作事项,因此陈先生在周五通知前台预订一个同在8楼的套房。前台员工小王查看了订房系统后,发现818号套房本周六空房,故进行了预订工作,并把房间号告知陈先生。

当天下午酒店工作人员小张接待一位要预订套房的客人,小张查看了订房系统后,发现只有一套818号房有空,于是他将房号从该预订上解锁,先出租给了当天到店的客人。

周六,陈先生的老板到前台办理入住手续时,前台分给其822号房,陈先生说:"不是预订了818吗?",可房间已经订给了其他客人。陈先生很生气,因为他已经把房间号告诉了老板,老板听了很高兴,觉得房间号码很吉利,也预感这次洽谈会很顺利,但是现在闹得非常不愉快,于是陈先生向酒店进行了投诉。

案例分析：

① 前台员工接到客人的订房要求后如能满足，则应与当班的其他同事相互知会一声，以免房间被再卖，随后在计算机中block该房号，并在计算机备注中注明房号勿动。

② 在交接班本上做详细记录，让其他同事也知晓此事。每个班次接班前应仔细阅读交接班本。上一班员工应将本班次未完成的工作，以及须下一班次注意的事项，都要进行交接。

③ 前台员工在为客人办理房间预订时，应在计算机中确认此房号是无人占用的、干净的、可卖的。如发现有预订占用房号应查明原因，不可擅自将房号删除，直接卖出。

④ 当班领班应清楚当班所有情况，随时注意每位员工的操作，发现问题及时调整。同时，随时提醒员工操作时应注意的事项，平时多注意加强对员工工作程序的培训，尤其是责任感的培养。

2. 网络预订

随着互联网时代的到来，网络销售成为了酒店经营的一条新途径。各大知名酒店及连锁集团都相继建立了自己的主页，如："雅高"、"假日"、"喜来登"、"希尔顿"、"四季"、"万豪"、"锦江"等纷纷"触网"，很多散客也都更愿意选择这种新颖简单的预订方式。同时，酒店的预订系统可以和航空公司、各大旅行社等联网，方便订房。

通常情况下，酒店网站收到的预订都会自动转成电子邮件形式发送到电子邮箱中，工作人员收到后打印出来，再将信息输入电脑中，输入时要注意客人姓名的拼写、日期、房型和房价等要求。这种预订通常也是默认为已确认的预订，不用回复确认。

小提示

使用确认函时的注意事项：

① 及时确认。一般24小时内必须回复确认，加急函电应立即回复确认。

② 信函内容要简洁明确，对客人的要求要一一答复，如有无法满足的要求，要婉转表示歉意。

③ 公司的订房一般都给予书面确认，而确认旅行社挂账的预订，在预订单上回复"确认（confirmed）"字样即可。

3. 传真、电子邮件预订

传真、电子邮件预订是酒店与客人进行理想预订的方式之一，传递迅速，即发即收。特别是传真件上有客人的真迹字样，如：签名等，可避免出现预订纠纷。表2-2所示为传真、电子邮件预订的程序与标准。

表2-2　传真、电子邮件预订的程序与标准

	程　　序	标 准 要 求
1	接受传真或邮件	仔细阅读其内容，包括公司或旅行社、订房中心的抬头、地址，联系人的姓名和部门，联系电话、传真、Email、客人姓名、住店日期、房型和客人要求等
2	处理客人信息	工作人员把信息准确无误地输入电脑中
3	请客人确认	使用酒店的固定传真或Email确认格式向客人发出确认函，如图2-3所示

ADD:		TEL:		FAX:	
TO 发往			DATE 日期		
NAME 收信人			FAX NO. 传真号		
FROM 发件单位			TOTAL PAGE 共几页		

RE:

关于: _____

WE ARE PLEASED TO COMFIRM THE RESERVATION AS FOLOLOWS:

我们非常高兴确认您如下预订内容:

(1) NAME OF GUEST(S)

客人姓名: _____

(2) NUMBER OF PERSON(S)

人数: _____

(3) ARRIVAL DATE   FLIGHT No._____

到达日: _____   航班号: _____

(4) DEPARTURE DATE   FLIGHT No._____

离店日: _____   航班号: _____

(5) ACCOMMODATIONS

房数及房类:

(6) RATE PER NIGHT   + %SERVICE CHARGE

房费: + %服务费

REMARKS:

备注:

                                    DEPARTMENT

                                    部门_____

图2-3　传真确认预订表

 知识拓展

预订电话沟通技巧

① 电话铃响后应立即接听。如果电话铃响超过3次以后才接起来,一定要先向客人致歉:"对不起,久等了。"

② 如果手头正有急事,听到电话铃声响时可采取以下三种措施:a. 接起后先致歉,向对方解释:"对不起,请稍等片刻。"b. 征求对方的意见,请其选择其他时间打来或打另外一个电话时要说:"实在对不起,请您再拨一次××××××××,好吗?"c. 如需要暂时搁置电话,再接听时要说:"对不起,让您久等了。"或"很抱歉,浪费您的时间了。"

③ 如果电话讲到中途断线,则需根据情况采取以下措施:a. 如果我们是接听电话的一方,应把电话放下,等候对方再打来。b. 如果我们是打电话的一方,则把电话放下后再拨一次,并在接通后加上一句:"刚才中途断线,真是抱歉。"

④ 拨打和接听电话时要使用适当的问候语、敬语。

探索二　团队预订

掌握了散客的客房预订方式后,艾米胸有成竹,操作也变得得心应手起来。某天有一个40人旅游团预订了20间客房,艾米按照程序为其做了预留。可旅游团到达当晚还是出现了差错,原来忘记替领队安排客房。艾米为此沮丧又困惑,那么团队客房预订有哪些程序与标准呢?

通常一个团队选定一家酒店,它的代理人就会与酒店联系,签订有关客房保留合同。具体程序与标准如表2-3所示。

表2-3　旅游团队预订的程序与标准

	程　序	标　准　要　求
1	与团队签订合同	写明团队需要的房间数量及价格、住店日期,需要注意的免费房数目(一般免费房都是给地陪的房间)和结账方式,以及团队预订的最后截止日期
2	输入合同	根据团队缩写设立团队号,在电脑中输入相关内容,包括旅行社名称、入住日期和房间数,预留好相关房间
3	确认团队房	当确认该团肯定入住或已收到预付款,预订员就要在电脑中输入明确信息
4	与旅行社作确认	将所有信息以书面形式请旅行社确认

 知识拓展

团队预订时的注意事项

1. 旅游团队确认订房时应注意的事项
   ① 确定团队名称、住客姓名、国籍、身份、人数、抵离店时间,使用的交通工具、房间种类和数量,以及用餐类别、时间和标准。
   ② 注意付款方式、费用和自理项目。如果是团队预付款,要关注预收款金额。
   ③ 注意团队包价中有关酒店提供的服务和客用品。
   ④ 留下团队代理人的姓名和电话。
   ⑤ 注意各项特殊安排和要求,如:提前抵达、行李的处理要求、入住的安排等。
2. 一些特殊团队预订房时应注意的事项
   (1) MICE团队
   MICE是指Meeting(会议)、Incentive(奖励)、Convention(会务中心)和Exhibition

（展会机构）。该类团队预订时，除了做好常规的预订工作外，还要尽早获得会议、展览等各种消息，了解会议、展会等具体情况。

（2）政府团队

政府团队级别较高，房价也比较特殊，因此在处理此类预订时要仔细留心该团队的要求、VIP客人的头衔、付款方式和接机安排等。

（3）机组团队

有些酒店与航空公司签订机组人员接待合同，以较为优惠的价格让其机组人员入住。机组团队一般在人数、房型和时间上，都有规律性和固定性。房间数基本上都是等上一个机组退房之后给下一个将到的机组使用，酒店因此有了固定的营业收入，也可带来相应的广告效应。

话题二　其他相关预订要求的处理

艾米的困惑

某天，客人王先生来电想预订"五一"长假期间的客房，艾米热情地接待了他。但一查订房系统，艾米发现"五一"三天的客房在几个月前，就被一些旅行团预留，没有空房间了。于是艾米很婉转地告知王先生。但王先生一再坚持要客房，艾米没办法就把电话挂了。事后艾米遭到了投诉，那么当遇到满房预订时，我们应怎样处理呢？

探索一　预订控制

在客房预订过程中，每一天都可能会出现预订但客人不到房间的情况，这样会给酒店带来损失和浪费，因此要做好预订控制，采取多种方法和措施来保证客房预订的准确性，使酒店经济效益最大化。

1. 超额预订

超额预订是在客房实数已满的条件下，酒店还承诺一定数量的客房预订，以弥补因客人不到或临时取消订房而可能出现的客房闲置，避免不必要的经济损失。通常出现在旅游旺季或是常年开房率较高的时间。但超额预订是一种风险，故要有个"度"。

（1）超额预订估计

根据历史数据的分析，即过去的订房数和实际入住房客数相比较，制定出一个超额预订数目,即为超额预订估计。

按国际酒店的管理经验,超额预订率通常控制在可预订房数的5%,且超额预订率必须上报领导。超额订房计算公式为:

$$超额预订量=可预订客房数×(预定取消率+预定未抵率)-预期离店客房数$$
$$×延期住宿率+续住房数×提前离店率$$
$$超额预订率=超额预订量÷可预订客房数×100\%$$

（2）掌握好团队和散客订房的比例

因为散客订房的随意性较大,所以当团队预订多散客预订少时,超订的比例就小;相反当团队预订少散客预订多时,超订的比例就大。

（3）处理好淡、旺季的比例

旺季时,客人取消客房的概率小,因此超订的比例就小;淡季时,超订的比例就相应增大。

（4）处理好不同预订类型的比例

保证类预订较多,因此超订的比例就小。确认类预订较多,超订的比例就相应放大。临时类的预订多时,超订的比例应更大。

（5）注意天气变化

如果天气变化大,客人取消预订的可能性就较大,因此超订的比例就要相应放大。

2. 处理超额预订服务

表2-4所示为处理超额预订的程序与标准。

表2-4 处理超额预订的程序与标准

	程　　序	标 准 要 求
1	向客人致歉	向客人解释该房型预订已满,表示歉意
2	为客人提供建议	① 向客人推荐其他房型或建议客人调整住店日期; ② 主动帮助客人联系同档次、价格相近的酒店,承担房间差价,第二天出现空房后再把客人接回酒店
3	运用候补名单	可把客人的预订放在酒店的优先等待名单中,如有客人取消预订或提前退房,可以根据前后次序安排其他客人入住

（1）超额预订的预防工作

为了保证客房预订的成功率,我们可以做好以下超额预订的预防工作:

① 以书面形式让客人进行客房担保。

② 对无法担保的客人,要经常询问是否要保留。

③ 每日统计次日预订抵达的客人名单。

④ 核对及统计次日预计抵达的预订客人人数,估计出将要入住的客房数。

（2）超额预订的补救措施

除了按处理超额预订的程序做好外,我们还可以采取一些其他补救办法:

① 与同等级酒店加强合作,建立业务联系,一旦发生超额预订可立即请客人到协议酒店入住。

② 为客人提供免费的一两次长途电话,便于客人将信息及时通知家人。

探索二　预订变更

1. 预订修改

客人有时因个人原因,会对已经预订的客房提出新的要求,那此时酒店工作人员就要及时修改相关信息,认真做好存档工作。预订修改的程序与标准如表2-5所示。

小提示

如果不能满足客人需要更改的要求,应向客人解释说明,同时告知客人已将其放在等候名单上,一旦能满足会及时与客人联系,并对客人的理解与支持表示感谢。

表2-5　预订修改的程序与标准

	程　序	标 准 要 求
1	接到客人更改预订信息	① 询问客人姓名; ② 询问客人需要更改的项目
2	确认更改预订	① 查询客房出卖情况; ② 在能满足的情况下,为客人确认更改预订,填写预订单; ③ 记录更改预订人的姓名及联系电话
3	存档	① 找出原始预订单; ② 将更改后的预订单放在上面与原始订单订在一起; ③ 存档

知识拓展

传真/电子邮件变更预订时应注意的事项

① 收到传真/Email后,仔细核对关键信息,看其是否正确。
② 找出客人要更改或取消的内容,在电脑中修改。
③ 回传给客人确认更改/取消的书面文件。
④ 把更改后的订单连同确认件与原始订单订在一起,归档,以备今后查找原始资料时使用。

2. 预订取消

客人有时因行程日期的变化会取消预订,因此工作人员还要做好预订取消的工作。预订取消的程序与标准如表2-6所示。

表2-6　预订取消的程序与标准

	程　序	标 准 要 求
1	明确客人要求	仔细聆听或审阅取消预订的函、电 注:如果客人以电话形式取消,需记录对方的姓名、联系电话和单位地址,询问客人取消的原因,并请对方提供书面证明

（续表）

程　　序		标 准 要 求
2	寻找客人的预订资料	找出原始预订单，注明"取消"字样，并将取消预订单按日期归入档案夹最后一页
3	更改信息	电脑上更新有关信息，更改《房态控制表》
4	通知相关部门	如果客人预订了订票、订餐、订车等业务，要及时通知相关部门

客人取消预订时，其他相关注意事项如下：

① 如果客人已付过订金，要复印客人取消预订的函、电和原始预订单到前厅收银处，按协议退还订金、预付房费，或取消预付费。

② 团队预订不得随意取消，必须有前厅部预订处主管和前厅部经理的书面确认通知方可取消。

【案例展示】

取 消 预 订

某公司致电某酒店订房，要求预订2个标准间，入住2天，并付了500元订金。

几天后，那家公司又来电话说："对不起，现在因计划有变，我们原订的2个标准间不需要了，打算取消预订，请问500元订金能退吗？"

工作人员请对方稍等片刻后放下电话，迅速到电脑中去找预订记录。经过核实，对方的确在5天前已办理过订房手续且订金已入账。今天离预订日期还有5天，按酒店规定，这类情况可退订金。于是，该工作人员表示："我们同意取消预订，订金照退。请告诉我贵公司的账号。"处理完取消预订挂上电话后，预订员便在预订记录上做了取消记号，接着又与财务部联系，要求退回对方500元订金。

案例分析：酒店实行订房订金制度，既可以保证订房客人的用房，又能减少因客人预订未到给酒店带来经济上的损失，这是国际通用的惯例。但是，客人如果付了订金因故不能履约，不能一概而论，应视不同情况作相应处理，一般应采取保函、宽容的态度。除非对方毫无道理，或是信誉不好。在该案例中，客人提前较长的时间通知酒店取消预订，使酒店有足够的时间重新出租房间，因此订金应全额退还。

探索三　预订确认及失约处理

预订确认与接待前的准备工作是酒店接待工作能否成功的前提，酒店只有做好充分的准备工作才能使客人到店时得到周到、满意的服务。

1. 预订确认

在客人抵达前做预订确认，一方面能再次提醒客人，另一方面也能加深工作人员对客户要求的印象，从而能更从容、全面地做好迎接准备。

确认预订的途径可以是电话、传真、电子邮件等，现在越来越多的酒店是采取Email确认。确认的内容如下：

① 客人的姓名；
② 抵店日期和离店日期；
③ 人数；
④ 房型；
⑤ 房价；
⑥ 有无接机；
⑦ 是否担保；
⑧ 付款方式；
⑨ 其他要求；
⑩ 预订确认号。

小提示

因酒店原因造成客房预订失约一般有以下几种情况：
① 客人称自己已做了预订，但接待员却找不到预订资料和记录。
② 酒店安排的房间与客人预订的房间类型不同。
③ 酒店安排的房间数量不能满足宾客的需求。
④ 酒店安排的房间价格与宾客预订时的要求不符。
⑤ 客人抵达时酒店已经客满。

2. 预订失约

虽然预订工作采用了计算机管理系统，但难免也会有一些失误，造成预订客人无法入住预订客房的情况，如果碰到这样的情况，我们可以采用以下方式操作。

（1）酒店有空房

在酒店还有空房的情况下，一般应采取"高开"的原则为宾客安排房间，即安排规格比原预订高的房间，但价格按预订房间价格收取。

（2）酒店没有房间提供

① 与其他相同档次的酒店联系，高出的房费由酒店承担。如果客人为保证性预订的客人，则酒店要为其支付第一夜的房费及送客人到达其他酒店的交通费。
② 为客人免费提供一到两次长途电话，方便客人将更改信息通知家人。
③ 如果客人需要连续住宿，第二天有房时应主动询问客人是否愿意搬回来住。
④ 客人回酒店当日，大堂副理要亲自迎接并陪同办理登记手续，入住期间享受贵宾待遇。
⑤ 如果保证类客人坚持要求退款，应给予双倍返还。
⑥ 最后向客人对于酒店工作的理解、配合和支持表示感谢。

[案例展示]

预订房出售了

"五一"小长假期间，上海几乎所有酒店的客房部已爆满，而且房价飙升。5月1日晚上9时许，酒店工作人员小王在忙碌时接到一位张先生的预订电话。张先生是该酒店的VIP，所以小王格外小心。当时还剩下一间标准间，刚好留给张先生，小王便与他约好最晚是在22点入住。在这一小时内，有许多电话或客人亲自到酒店来询问是否还有空房可入住，小王都一一婉言谢绝了。但一直等到23时，张先生还未抵达。小王心想：也许张先生不会来了，因为经常有客人订了房间后临时有事没有来，如果再不卖掉，零点以后就很难卖了。为了酒店的利益，不能白白空一间房。于是到了23：15分，小王将最后一间标准间卖给了一位正急需客房的熟客。可不久张先生匆匆忙忙赶来了，他一听说房间没了，顿时恼羞成怒，立即要求酒店赔偿损失。

案例分析： 虽然张先生因自己没守时，小王也是为了酒店利益才造成这个矛盾。但小王在卖出房前还是应该和张先生确认一下，不应擅自做主。现在小王应做好向张先生解释的工作，向其致歉，并应立即打电话联系其他酒店，为张先生重新预订一间同档次的客房。

课后小舞台

1. 客人王先生来电想于5月3日入住你工作的酒店三天,预订三间大床房,但由于客满,5月3日这一天只有两间大床房了。你作为前厅工作人员接待了这位客人,请用规范的工作程序完成此次预订任务。

2. 王先生由于中途要去杭州,因此将推迟一天来上海,于是来电告知需要修改入住日期,同时原先预订的一间大床房希望升为行政套房。你作为前厅工作人员接待了这位客人,请用规范的工作程序完成此次预订变更任务。

3. 5月4日王先生到达酒店后,发现由于工作人员未及时修改信息,因而未保留他原先预订的客房,顿时非常气愤,请你妥善处理此次预订失约事件。

模块三
接待服务

学习目标

● 掌握散客、团队入住登记手续的办理标准，并能按程序规范地进行操作。

● 能妥善处理有关换房、重房、续住等各种相关客房服务的要求。

话题一 客人入住登记服务

艾米的困惑

今天艾米热情地接待了拖着行李箱前来入住的李先生,并为其办理入住登记手续。在问了客人的姓名后,艾米就埋头寻找相关资料,但找了半天都没有找到,满头大汗。李先生站在总台前,疑惑地看着艾米东忙西忙,不禁问:"小姐,你在忙什么呢?"艾米很不好意思地看着李先生说:"先生,您的预订单好像不见了。""嗯?我好像没预订啊。"这下艾米才恍然大悟,原来自己想当然地以为李先生是预订过的客人,实在太粗心了。

接待服务是前厅部一项重要的工作任务,直接影响到客人对酒店的第一印象,如图3-1所示。因此,前厅工作人员必须热情仔细地接待每一位客人,特别是在帮助散客办理登记手续时,由于散客的个性化服务要求多,因而处理散客的入住登记相对团队来说要繁琐。但是,散客消费能力较强,是酒店竞相争取的消费群体。

图3-1 前厅接待

图3-2 为客人办理散客入住登记

探索一 散客入住登记

散客在入住酒店时,可分为预订客人和非预订客人两类。

1. 预订客人的登记入住接待

大多数客人经过紧张的旅途,到达酒店后已经精疲力竭,希望能早点休息。所以工作人员在保证质量的前提下应加快速度,准确、快捷地为客人办理入住登记,如图3-2所示。预订散客入住登记的程序与标准如表3-1如示。

表3-1　预订散客入住登记的程序与标准

	程　　序	标 准 要 求
1	做好充分准备	① 摆放好所需的表格、房卡,以及其他一些必需的办公用品; ② 领取足够的备用金; ③ 查看房间状态,了解当天的入住情况、所剩房间的类型及数量; ④ 查看预计到客名单和重要客人(VIP)名单; ⑤ 检查电脑系统是否正常以及其他所需物品是否充足; ⑥ 查看交接班日志(logbook),根据需要做相应准备
2	向客人问好,了解客人要求	热情迎客,面带微笑
3	询问客人是否有预订	请客人出示预订号码,如果客人忘记预订号码,请其告知姓名等信息
4	从电脑中调出预订单	根据客人给出的信息,尽快找到预订记录
5	确认预订信息	请客人再次一一确定预订内容,并核实是否有变更。如果客人已付订金,确认已收到的金额
6	填写《入住登记表》(如图3-3所示)	请客人认真填写,至少包括三方面信息:个人信息、在酒店住宿的信息、付款方式及免责声明,最后请客人签字确认
7	核实客人有效证件	工作人员需要仔细核对证件与入住登记表上填写的信息内容是否相符,同时还必须按照公安部门的要求扫描并上传证件信息
8	安排房间	① 该预订客人的房间已经分配完毕,只需与其再次确认即可; ② 还未分配,需要检查酒店目前的房态,仔细地考虑客人的要求,并且适时地促销酒店更高级别的房间。最后,为客人找到一个干净、满意的空房间; ③ 如果暂时无法安排房间,必须要向客人说明情况并请客人谅解,并采取措施尽快为客人安排房间,如:为客人寄放行李;请客人到大堂吧暂时休息等,同时向客人说明预计何时能够为其安排房间。如果情况比较复杂,可请主管或者经理帮助解决; ④ 如果客人有特殊要求,如:房间朝向等,应尽量满足,不能满足时,需做好解释工作; ⑤ 安排好的房间在"房间状况表"上标明OK,表示该房已出售
9	询问付款方式、收取押金	① 询问客人付款方式; ② 在登记表上写清房价、结账方式; ③ 请客人按规定交付押金 注:收取一定数目的押金和获得信用卡授权的额度,会大大降低结账时的坏账率

（续表）

程　序		标 准 要 求
10	制作钥匙（牌、卡）	① 当场为客人制作钥匙，如图3-4、图3-5所示，正确输入房间号码以及开始和结束时间； ② 将钥匙放入纸套中，双手递给客人，如图3-6所示，并将房间号码写在放卡的封套上，指给客人看，不能大声说出； ③ 告知客人每天中午12点前需结账离店
11	通知客房部等相关部门做好准备	① 通知客房部落实卫生情况 ② 询问是否需要行李员服务
12	告别致谢	礼貌地与宾客告别，并向客人介绍有关酒店设施设备，祝客人在酒店期间能够有一个愉快的经历
13	存档	将客人的信息及档案做一些收集归档工作

图3-3　散客入住登记表

图3-4　制钥匙机

图3-5　制作房卡

图3-6　递给客人钥匙

知识拓展

宾客有效证件种类

1. 国内旅客

① 中华人民共和国居民身份证。凡年满16周岁的我国公民,均可申领中华人民共和国居民身份证。身份证分15位数(旧)和18位数(新)两种。

② 临时身份证、中国护照、军官证、警官证、士兵证、文职干部证、军警老干部离休荣誉证、军警老干部退休荣誉证、一次性住宿有效凭证。

2. 境外旅客

(1)港澳居民来往内地通行证

港澳居民来往内地通行证,俗称回乡证,是港澳居民来往内地使用的一种旅行证件,由公安部授权广东省公安厅签发,是具有中华人民共和国国籍的香港及澳门居民进出中国内地所使用的证件,如图3-7所示。

(2)中华人民共和国旅行证

中华人民共和国旅行证,是护照的代用证件,是我驻外使、领馆颁发给不便于发给护照的境外中国公民回国使用的一种证件,如图3-8所示。分一年一次入出境有效和两年多次出入境有效两种。

(3)台湾居民来往大陆通行证

台湾居民来往大陆通行证,是台湾居民来往大陆的旅行证件。由公安部出入境管理局授权的公安机关签发或委托在香港和澳门特别行政区的有关机构代为办理。该证有两种,一种为5年有效,另一种为一次出入境有效。它实行逐次签证,签证分一次往返有效和多次往返有效。

(4)中华人民共和国入出境通行证

中华人民共和国入出境通行证有两种:一是为未持我国有效护照、证件的华侨、港澳居民入出我国国(边)境而颁发;二是为回国探亲旅行的华侨或港澳居民证件过期或遗失而补发,分一次有效和多次有效两种。由公安机关出入境管理部门签发。

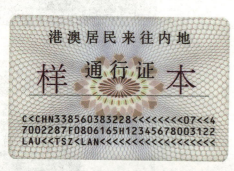

图3-7　港澳居民来往内地通行证

图3-8　中华人民共和国旅行证

2. 未预订客人的登记入住接待

有些客人因为行程突然发生变化,不得不调整自己的计划和安排,在未预订的情况下拖着行李箱到酒店入住,遇到这样的客人,我们应怎样为其安排入住登记手续呢? 具体如表3-2所示。

表3-2　未预订散客的登记入住程序与标准

	程　　序	标　准　要　求
1	迎接客人	应该保持微笑和目光接触
2	检查何种客房可出租	查验可供房的状况
3	询问客人要求,并推销客房	根据与客人的交流来判断客人的需求并推荐酒店的产品,最后得到客人确认
4	说明优惠情况	① 告知客人房价是否包含早餐,是否还有其他优惠,如:洗衣、餐饮等; ② 如果客人提出房价打折的要求,需要根据酒店的政策进行处理,切不可擅自做主向客人承诺;自己实在无法解决的问题,可请主管或者经理出面解决
5	安排房间并填写登记表	落实房间,请客人填写登记表
6	请客人出示证件,办理手续	工作人员需要仔细核对证件与入住登记表上的信息内容是否相符,同时还必须按照公安部门的要求扫描并上传证件信息
7	询问付款方式、收取押金	通常使用现金或信用卡两种方式收取
8	制作钥匙(牌、卡)	① 当场为客人制作钥匙,正确输入房间号码以及开始和结束时间; ② 将钥匙放入纸套中,双手递给客人,并将房间号码写在放卡的封套上,指给客人看,不能大声说出; ③ 告知客人每天中午12点前需结账离店
9	通知客房部等相关部门做好准备	① 通知客房部落实卫生情况; ② 询问是否需要行李员服务
10	告别致谢	礼貌地与宾客告别,并祝客人在酒店期间能够拥有一段愉快的经历
11	存档	将客人的信息及档案做一些收集归档工作

办理散客入住登记时的其他注意事项:

（1）核对证件时应注意的事项

① 检查国内客人证件时,主要着重检查7个方面:查看防伪标志、有效期是否已过、发证机关印章、证件号码是否正常、证件项目是否齐全、内容是否清晰、证件规格是否正常。

② 检查外国客人证件时,需查看客人的基本信息、签证种类、入境日期、签证有效期,签证过期则不得办理入住,并需通报酒店安保部及酒店外事公关人员进行处理。

（2）登记入住时特殊情况的处理办法

有部分客人由于怕麻烦或出于保密或为了显示自己特殊身份与地位,住店时不愿登记,或

登记时有些项目不愿意填写。此时,接待员应按以下办法进行妥善处理:

① 耐心向客人解释填写住宿登记表的必要性。

② 如果客人出于怕麻烦或填写有困难,则可代其填写,只要求客人签名确认即可。

③ 如果客人出于某种顾虑,怕住店期间被打扰,则可以告诉客人,酒店的计算机电话系统有"请勿打扰"的功能,并通知其他相关接待人员,保证客人不被打扰。

④ 如果客人为了显示其身份地位,酒店也应努力改进服务,满足客人需求。例如,充分利用已建立起的客史档案,提前为客人填妥登记表的相关内容,进行预先登记,客人抵店时,只需签名即可入住。对于常客、商务客人及VIP客人,可先请客人在大堂里休息,为其送上一杯茶(或咖啡),然后前去为客人办理登记手续,甚至可让其在客房内办理手续,以显示对客人的重视和体贴。

（3）客人付款时应注意的事项

① 现金。注意现金的真伪。

② 信用卡。核实是否为本店可以受理的信用卡,并注意是否过期、适用地区及最高消费额等。

③ 旅行支票。核实支票的有效性。

④ 转账。向客人说明单位允许转账的具体项目。

 知识拓展

我国可以受理结算的信用卡

1. 国内信用卡

具有"银联"标志的国内信用卡,如图3-9所示。

2. 国外信用卡

我国目前可以接受的具有国外发卡机构标志的信用卡主要是万事达卡（Master）、维莎卡（VISA）、美国运通卡（American Express）、大来卡（Diner's）、JCB卡。分别如图3-10、图3-11、图3-12、图3-13、图3-14所示。

图3-9 银联卡

图3-10 万事达卡

图3-11 维莎卡

　　国内银行目前除了发行单币种信用卡以外,还提供了双币种信用卡,这种信用卡在国内外都可以使用,即卡上除了有"银联"标志外还有其他国际发卡机构的标志,如图3-15所示。

图3-12　美国运通卡

图3-13　JCB卡

图3-14　大来卡

图3-15　双币种卡

3. 贵宾的登记入住接待

　　贵宾是每个酒店的重要客户,因此对其服务接待程序区别于一般客人,必须严格按照贵宾接待服务规范操作,提升贵宾对酒店的满意度。具体如表3-3所示。

表3-3　贵宾入住登记的程序与标准

	程　序	标 准 要 求
1	做好相应资料准备工作	掌握贵宾基本资料,准备接机工作,准备好房卡、欢迎卡以及登记表
2	准备房间	尽量选择同类房型中状态最好的房间
3	提高接待规格	准备好鲜花、礼品、水果等,铺设红地毯,通知各部门相关人员做好各项准备工作,并提前到大门口迎接
4	输入资料	准确输入电脑,并在文档中注明VIP的级别,建立贵宾客史档案

1. 旅游团队的登记入住接待

与接待散客相比,旅游团队客人的接待有其自身特点,下面对旅游团队客人登记入住的程序标准做详细介绍,如表3–4所示。

表3–4　旅游团队客人登记入住的程序与标准

程　　序		标　准　要　求
1	做好相应准备工作	再次确认团队的行程是否发生变化,根据《团队通知单》落实团队客人要求,有问题及时沟通
2	按客人的要求结合酒店的客房情况安排房间	工作人员需准备足够的房间,根据客人的要求安排房间,并提前制作房卡放入封套,并在封套上写明房间号,同时检查房间内的卫生及设施情况
3	安排陪同人员入住	按有关规定安排好陪同导游的房间
4	礼貌迎客	如果团队的级别较高、情况复杂,前厅经理、销售经理甚至总经理都有可能在酒店大厅等候
5	入住登记	① 礼貌迎接; ② 由团队的领队或者导游向客人收集有效身份证件,如:护照或身份证,然后集中到前台统一办理; ③ 核实团号、团名、房间数、人数等,并填写《住宿登记表》
6	收回登记表,核对客人证件	工作人员需要仔细核对证件与入住登记表上的信息填写内容是否相符,同时还必须按照公安部门的要求扫描并上传证件信息
7	收取押金	向领队收取一定数额的订金
8	请领队签字	再次确认房间数、客人资料和叫醒时间,请领队在《团队入住确认单》上签字,如图3–16所示
9	发放房卡,介绍酒店信息	根据旅游团队领队的房间安排,为宾客分发钥匙,并做好记录,并向领队介绍酒店的用餐时间、设施设备等信息
10	整理资料	将客人的信息及档案做一些收集归档,输入电脑

【案例展示】

旅游团队入住错误

某天下午,一个旅游团抵店入住,前台接待员小吴负责接待任务。她与旅游团陪同人员核对了团号、人数、国籍、地接社、组团社、用房数、抵离店时间等信息后,把房卡分给了陪同,随后迅速完成计算机录入工作。当小吴再一次核对团队接待计划时,发现计划书SHCQ—0515A团号与陪同给她的订房单上团号不一致,该订房单的团号为SHCQ—0515B。小吴顿时产生疑问,怎么会这么巧,订房单上除团号有区别外,其余都一样? 此时小吴凭经验感觉不对劲,她怀疑是否预订部把A错写成B,并打电话给陪同与其再次核对团号全称。

The Bund Hotel
金外滩宾馆

团队入住单

旅行社 ＿＿＿＿＿＿＿＿
团队号 ＿＿＿＿＿＿＿＿
假房号 ＿＿＿＿＿＿＿＿
总房数 ＿＿＿＿＿＿＿＿
团队人数 ＿＿＿＿＿＿＿＿
陪同房号 ＿＿＿＿＿＿＿＿　　姓名 ＿＿＿＿　联系电话 ＿＿＿＿＿＿＿＿
领队号 ＿＿＿＿＿＿＿＿

日期	/	/	/	/	/
早餐	:	:	:	:	:
叫早	:	:	:	:	:
出行李	:	:	:	:	:
离店	:	:	:	:	:
陪同确认					

备注：＿＿＿＿＿＿＿＿＿＿＿＿＿＿＿＿＿＿＿＿
　　　＿＿＿＿＿＿＿＿＿＿＿＿＿＿＿＿＿＿＿＿
　　　＿＿＿＿＿＿＿＿＿＿＿＿＿＿＿＿＿＿＿＿

旅行社陪同确认签名：＿＿＿＿＿＿　前台员工 ＿＿＿＿＿＿

各部门签字确认：

总机 ＿＿＿＿ 礼宾部 ＿＿＿＿ 客房部 ＿＿＿＿ 餐饮部 ＿＿＿＿ 安保部 ＿＿＿＿

图3-16 团队登记入住表

此时陪同才告诉小吴刚刚入住的是B团,并告诉小吴是他自己搞错了,本来这个B团订的是另一家市中心的四星级酒店。他在旅行社时,计调部将接这个团的计划先给他,把另一份计划给了另一个陪同。他当时粗心,未仔细看团号,认为自己拿的肯定是A团,就来到了小吴所在的酒店。不巧,除团号外其他内容两团均一致,所以搞错了。

发生这件事小吴除了怪陪同搞错外,更怪自己接团时不仔细核对团号,她清楚地意识到,麻烦事马上就要降临了:A团很快也要到达酒店,B团住了房后,已无法安排A团同时入住。如果让B团移团,显然不可行,因为客人玩了一天后很累,对酒店也相当满意。况且即使移团,房间还要重新整理,这也不现实。小吴想到A团客人一到大堂,因酒店工作失误而无房时的愤怒情形,顿时有点不知所措。她知道解决此事的唯一办法就是让已入住的B团陪同与A团陪同联络,让A团陪同立即改变方向,带团去住另一家四星级酒店。但小吴不敢擅自做主。

案例分析：

① 接待员在接团时要逐项核对计划书与旅行社订房单是否相符,防止只报社名、人数、国籍而不详细注明其他订房要点的现象出现。

② 预订部在与旅行社核对团队资料时,应该仔细问明每一个团体的情况,如:团号上另注明A、B甚至C、D团,应作特别提醒,可用荧光笔画出。

③ 行李房在接收行李时,应核对团号,发现有误,立即提醒总台。

④ 如果团队有事先发来的名单,则在入住时,接待员应核对入住登记客人的姓名与团体客人分房名单上的姓名是否相符,提前发现问题,防患于未然。

2. 会议团队客人的登记入住接待

会议团队客人登记入住接待的程序与标准如表3-5所示。

表3-5 会议团队客人登记入住的程序与标准

程 序		标 准 要 求
1	做好相应准备工作	再次确认会议日程是否发生变化,落实客人要求,有问题及时沟通
2	按客人的要求,结合酒店的客房情况安排房间	工作人员需准备足够的房间,根据客人的要求安排房间,并提前制作房卡放入封套,并在封套上写明房间号,同时检查房间内的卫生及设施情况
3	入住登记	① 礼貌迎接; ② 请客人填写《会议住宿登记表》; ③ 告知客人有关事项,如:开会地点、日程安排等
4	收回登记表,核对客人证件	① 仔细核对证件与入住登记表上的信息填写内容是否相符; ② 请会务组有效签单人签字确认; ③ 根据每位客人的最终房号,打印"会议排放表",易于酒店服务
5	确认付款方式	① 如果所有的消费都由会议主办方负责,确认该团队是否预付款;如果不由主办方负责,则需与有关部门联系,提醒其支付预付款; ② 若房费客人自行解决,按散客登记入住手续办理
6	发放房卡,储存信息	根据《会议住宿登记表》,为宾客发放钥匙,并做好记录,储存信息

 知识拓展

办理团队入住登记时其他注意事项

1. 团队费用结算

通常,团队的账目结算是由销售部门和财务部门与旅行社或者代理人之间完成的,前台只需提供经理或导游签字确认的账单即可。另外,酒店前台人员仍需要向团队领队或者导游收取一定数额的押金。押金的主要作用是保障客人在住店期间使用迷你小酒吧等房间内的消费。

2. 境外人士填写《团队住宿登记表》要规范

① 台湾地区客人,表内应有客人姓名、性别、出生年月日、《台湾居民来往大陆通行证》号码及有效期、签证号码及有效期、地址等栏目。

② 港、澳地区的客人,表内应有《港澳居民来往内地通行证》号码及有效期。

③ 外国客人,表内应有团体入境签证印章。如无团体签证,则需每位客人都填写一份《外国人临时住宿登记表》。

3. 团队客人临时提出加房、加床的要求

① 请陪同、领队填写《加房(加床)书面通知》,注明原因及挂账单,并请客人签名。

② 计算加房、加床的费用。

③ 将《加房(加床)书面通知》的底单连同客人的资料存底备查。

话题二 处理其他相关客房要求

艾米的困惑

某天来自香港的陈先生入住酒店，可进房不久陈先生就发现客房的淋浴设备出现故障，无法放热水，于是致电到前台要求换房，艾米进行了接待。艾米认为这点小故障很快就能处理好，于是擅自作主，请工程部去修理。没想到是热水管出了问题，在修理过程中不仅弄湿了厕所，还把陈先生的私人物品弄脏了，陈先生火冒三丈，到前厅部大吵一番，质问艾米为什么不事先为他换房，艾米也觉得很委屈，本想将事情简化，但没想到搞得更复杂了。

前厅部除了做好常规的客人接待登记工作外，还需妥善处理好客人其他有关客房服务的要求。

1. 换房

调换房间往往有两种可能：一是客人提出的，二是酒店的要求。换房要慎重处理，特别是在搬运客人私人物品时，除非客人要求，否则必须坚持两人同时在场。

> **小提示**
>
> 如不能及时满足客人换房要求，应致歉说明，做好记录，一旦有空房，按顺序予以满足。

（1）来自客人要求的换房

客人往往因客房的位置、大小、朝向等原因提出换房要求，在这种情况下，本着"合理而可能"的原则，酒店应该尽量满足客人要求，同时也可以把握机会将客人的房间升级，具体如表3-6所示。

表3-6　来自客人要求的换房程序与标准

程　　序		标　准　要　求
1	了解客人换房的原因	耐心听取客人换房的原因，并表示歉意，了解情况后对症下药
2	查找可提供给客人的房间	在酒店的可供房中为客人查找合适的房间，并得到客人认可。如果找不到同级别和价位的房间，工作人员就要适当地为客人推销，但告知客人要支付"升级"的费用
3	办理换房手续	如果是隔天或入住多日的客人，则要填写《换房通知单》，将通知单送往有关部门，并签字确认，如图3-17所示

（续表）

程 序		标 准 要 求
4	更改信息	更改客人房号,并将换房信息记录在客户档案上
5	通知礼宾部	安排行李员协助客人换房,交给行李员客人新房间的钥匙并将旧钥匙取回
6	后续工作	通知客房部尽快清扫客人已使用的房间
7	再次致电给客人	房间更换后大约15分钟后致电客人,以确认客人对新房间满意度

图3-17　房号变更单

（2）来自酒店要求的换房

由于酒店客房设施故障等原因,要求客人进行换房。因为换房是件很复杂繁琐的事,会引起客人的不满,此时工作人员一定要十分耐心。具体换房程序与要求如表3-7所示。

表3-7　来自酒店要求的换房程序与标准

程 序		标 准 要 求
1	及时通知客人	主要以电话通知,语气要诚恳真挚,尽力做好解释工作。如果客人不在房内,可语音留言告知客人尽快到前台办理变更手续
2	为客人安排房间	本着"合理而可能"的原则,尽力为客人安排令他满意的房间,但如果令客人满意的房间已经超出了你的授权范围,你还需要向上级汇报并经许可,方可答应客人换房

（续表）

程　序		标　准　要　求
3	办理换房手续	为客人制作新的房间钥匙，填写《房间租用情况变更单》，更新《入住登记表》及相关信息
4	通知礼宾部	安排行李员协助客人换房，交给行李员客人新房间的钥匙并将旧钥匙取回
5	后续工作	通知客房部尽快清扫房间、维修设备

2. 重房

客人入住时，发现房间已被占用，这一现象被称为"重房"，属于重大失误，会给客人造成很大的麻烦。遇到上述情况，我们必须妥善处理，安抚好客人情绪。具体程序与标准如表3-8所示。

表3-8　重房处理的程序与标准

程　序		标　准　要　求
1	向客人致歉	真诚地向客人道歉，承认工作的疏忽，为客人送上茶表示安抚
2	为客人安排房间	本着"合理而可能"的原则，尽力为客人安排令他满意的房间，但如果令客人满意的房间已经超出了你的授权范围，你还需要向上级汇报并经许可，方可答应客人换房
3	办理换房手续	为客人制作新的房间钥匙，填写《房间租用情况变更单》，更新《入住登记表》及相关信息
4	送客进房	由接待员或行李员亲自送客人进房
5	后续工作	寻找出错原因，及时修正，通知有关部门

3. 客人续住处理

表3-9所示为客人续住处理的程序与标准。

表3-9　续住处理的程序与标准

程　序		标　准　要　求
1	接收客人续住要求	①问清客人需要续住的时间，核对客人姓名和房号； ②查看《房间状况表》，确认客人要求续住的日期里该房是否被预订； ③如果该房没有预订出去，则为客人办理续住； ④如果该房已经预订出去，查看预订是否可调换
2	办理延期手续	①更改信息； ②更改电脑中的离店日期； ③重新制作钥匙

4. 客人增配钥匙

表3-10所示为增配钥匙的程序与标准。

表3-10　增配钥匙的程序与标准

程　　序		标　准　要　求
1	询问原因	了解增配钥匙的原因,是客人遗失还是因为数量不够
2	核实客人身份	问清客人相关信息,核对这些信息与电脑中的记录是否相符,保证该位客人确实是此房间的住店客人
3	配置钥匙	① 如果是遗失钥匙,则需要重新配置,并让客人赔偿相应的费用; ② 如果是增配钥匙,则为客人配制钥匙的复制件

5. 客人加床

客人加床大致分为两种情况,一是在办理登记手续时要求加床,二是在住宿期间要求加床。

客人在办理登记手续时要求加床,为其签发房卡,房卡中的房租为加床费,加床费转至住客付款账单上。

客人在住宿期间要求加床,当第三位客人在办理入住登记手续时,《入住登记表》需由支付房费的客人签名确认。

6. 客人暂时不能进房

如果工作人员还未接到客房部关于客房已打扫、检查完毕的通知,不可将该客房安排给客人。此时可以为客人提供寄存行李服务,或请客人去茶座稍作休息,等派工作人员加紧打扫、检查完毕后,才可引领客人进房。

课后小舞台

1. 早上前台来了一对夫妻,他们事先没有预订,住宿时间为5月15日至5月17日,请你为他们安排入住登记手续。

2. 一位团队客人临时提出要加床,请你为其安排相关登记手续。

3. 一位客人因房间朝向问题,提出换房,但该楼层所有朝南房间已经客满了,只剩下顶层还有朝南房间,但费用要稍高一些,请你妥善地为这位客人进行换房服务。

模块四
收银服务

学习目标

- 掌握散客、团队的退房程序，能规范熟练地进行操作。
- 能按规定为客人进行外币兑换服务。
- 能做好夜审、账户管理等工作。

话题一 客人退房服务

艾米的困惑

客人方先生来到前台办理退房手续，艾米根据客人的信息，打印出账单，为客人办理了结账服务。但若干天后，西餐厅打来电话，告知艾米有笔坏账。原来方先生前两天在西餐厅用过午餐，但结账时没有告知，艾米也没有及时核实方先生的其他消费，因此发生了这笔坏账。那么在客人退房时，我们应注意哪些事项呢？

探索一 散客退房服务

1. 散客退房服务

办理退房结账手续是酒店为客人进行的最后一项服务，应本着质量、速度共满意的目标来完成，使离店客人能愉快地为自己的店内消费支付钱款。具体程序与标准如表4-1所示。

表4-1 散客退房的程序与标准

程 序		标 准 要 求
1	做好准备工作	前台夜班接待员要统计次日预期离店客人数，做好离店客人表，汇总客人的各类消费
2	接待客人	确认客人的姓名和房号，根据客人的信息，打印账单，请客人审核、确认，并在账单上签字，收回客房钥匙
3	电话通知楼面服务员查房	避免客人对客房内部设施、非一次性用品造成的损坏和缺失，还可以掌握房内小酒吧的使用情况，保障酒店的利益不受到损害 注：① 工作人员一定要等客房中心检查完后，特别是在酒水以及小物件保证没缺损的情况下，才能为客人结账； ② 当发现客人私自拿取客房物品时，要婉转提醒客人，不能引起客人不满。当把握不好尺度时，可以交领班或主管处理
4	主动询问客人是否有其他消费	如：电话费、早餐费等，如图4-1所示

（续表）

程　　序	标　准　要　求
5	为客人结账、结款	① 现金结算，如图4-2所示。收款时要按照发票总金额冲减客人预先支付的押金，当客人预付的押金大于实际消费额时，应把差额退给客人。收银员收到客人的现金时要唱收现金，复核钱款无误后在发票上盖上"收讫"印章，然后将发票的"客人联"与找零一同交给客人，如图4-3所示，并向客人表示感谢，如图4-4所示； ② 信用卡结算，如图4-5所示
6	欢送客人	祝其旅途愉快，欢迎再次光临
7	更改客房状态	将该住客房转换为走客房

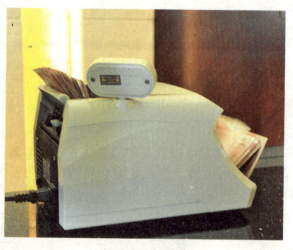

图4-1　杂费凭证单

图4-2　现金结算

图4-3　现金支付单

图4-4　为客办理离店手续

客人使用信用卡结算时,收银员应查看该卡是否是酒店可以接受的信用卡,并且要查看信用卡的有效期限及外观的完整与否,如有残缺的情况应立即向客人指出。信用卡上没有签名的,应要求客人补签。

图4-5 信用卡结算

刷卡交易完成、打印出签购单后,收银员应先检查签购单上打印的银行名称、卡号及金额是否正确,再请持卡人在签购单上签名,并与卡背面的签名进行核对(无论客人是否使用密码,都要核对客人签名笔迹)。若发现签名不符,应婉转地请持卡人出示身份证文件或致电发卡银行查询。由于路线问题引起重复刷卡,应立刻致电银行确认是否下账,如银行也无法确认,应将客人的联系地址和电话留下,以便日后出现情况能尽快与其取得联系。

2. 特殊情况处理

(1)逾时离店

逾时离店是指过了结账时间(按国际惯例,结账时间一般为当日中午12:00前),客人仍未结账。此时,应婉转地提醒客人:超时离店,会加收房费,如:15:00以前结账,加收一天房费的三分之一;15:00—18:00结账,加收二分之一房费;18:00以后结账,则加收全天房费。

(2)客人在退房结账时提出要折扣优惠

如果客人提出的折扣符合酒店优惠,也经前厅部经理签名同意后,工作人员可填写一份"退款通知书"(一式两联,一联交财务部,一联存留总台收银处),但要注明原因,最后在计算机中将差额做退账处理。

(3)住客的账单由其他住客支付

为了防止账单漏收的情况发生,通常在交接记录上注明,并在这两位客人的账单上附上纸条,以免忘记。

还有一种方法:若乙替甲付款,甲先离店,则可将甲的账目全部转入乙的账单上,使甲的账单挂账数为零来处理。但在此之前,必须通知乙,并有乙的书面授权,以免引起纠纷,如图4-6所示。

图4-6 客人同意转账单

【案例展示】

"浴巾"事件

某酒店中,一位客人在离店时把房内一条浴巾放在手提箱中准备带走,服务员发现后立即报告给大堂副理。大堂副理思索着怎样措辞才能既不得罪客人,又能维护酒店利益,因为一条浴巾需向客人索赔50元。

思索片刻后,大堂副理把客人礼貌地请到一处不引人注意的地方说:"先生,服务员在检查您的房间时发现少了一条浴巾,从前我们也有过一些客人说浴巾不见了,但事后回忆起来是放在床上被毯子遮住了。您是否能上楼看看,您的浴巾是不是放在什么地方被忽略了。"言下之意是暗示这位客人他带走一条浴巾的事情已被发现了。此时客人面色有点紧张,拎着提箱上楼了,大堂副理在大堂恭候着。不一会儿,客人从楼上下来,见了大堂副理,做生气状:"你们服务员检查太不仔细了,浴巾明明在沙发后面嘛!"这句话的潜台词是:"我已经把浴巾拿出来了,就放在沙发后面。"大堂副理心里很高兴,但不露声色,很有礼貌地说:"对不起,先生,打扰您了,谢谢您的合作。"

事情完满落幕,既顾及了客人的面子,也保住了酒店的利益。

<u>案例分析:</u>类似这种事件在酒店会经常发生,但若直截了当地指出客人有错,客人为了面子肯定不愿承认,而且会"火上浇油",问题就更难解决了。这位大堂副理很聪明,给了客人下台阶的机会,既维护了客人的尊严,使客人体面地走出了酒店,又还回了浴巾,避免了酒店的损失。

探索二 团队退房服务

旅游团体、会议团体等客户主要采用转账方式收款,这些客户一般与酒店签有合同,因此酒店采用合同价与餐费标准同客户结账。但需注意的是团体客人结账需要分公司账和个人账,具体程序和标准如表4-2所示。

表4-2 团队退房的程序与标准

	程　　序	标 准 要 求
1	做好准备工作	提前准备团队账单,在团体离店前半个小时,主动与团体领队、陪同联系,要求协助收款
2	确认客人的姓名和房号	复述客人房号并查看团体用房名单,核实该房间是否为此团队的房间,然后称呼姓名予以确认
3	电话通知楼面服务员查房	避免客人对客房内部设施、非一次性用品造成的损坏和缺失,还可以掌握房内小酒吧的使用情况,保障酒店的利益不受到损害
4	结算客人消费情况	打印团队消费账单,请领导确认,团队是合同结账,需领队签字后,保存账单;团队是现付,则要求确认后及时付款
5	调出客人私账,为客人结款	询问客人自己消费情况,如:电话费、早餐费等,打印明细账单,请客人核对各项消费、结账
6	收回房卡钥匙	收回房卡钥匙,与领队一一核对
7	更改客房状态	将该住客房转换为走客房

话题二 处理其他相关业务

艾米的困惑

一位来自美国的客人来到前台，要求兑换一些美金，艾米热情地接待了她。可是让艾米意想不到的是，这位客人拿出一张支票要求兑换。顿时艾米傻眼了，不知所措。支票也能兑换吗？该如何操作呢？

探索一　客账管理

住客账户管理是一项细致复杂的工作，讲究时间性和业务性。同时为避免逃账、漏账情况的发生，因此需制定一套完善的操作规范。

1. 为客人建立账户

酒店应该为每个客人单独开立账户，户头应清楚、准确，工作人员需特别注意姓名、房号必须与住宿登记表内容一致。团队客人的账号要分为公账（master folio）和私账（incidental folio）两个账号，公账用来结算主办方承担的费用，私账用来记录团队中每个客人各自应承担的费用，这样可以避免重复记账或漏记账导致的账目不清。

2. 转账迅速

客人在酒店逗留期间，每天会发生各种各样的消费。因此，各部门必须按规定时间将客人签字认可后的账单送到总台收银处。只要收银员将账单转入收银机，计算机即可同时记下客人当时的转账款项，极大地提高了工作效率。

3. 记账清晰

记账要准确，其中消费时间、消费金额等应清晰，要每天结算一次。

探索二　外币兑换

为方便客人，酒店受中国银行委托，根据国家外汇管理局公布的外汇牌价代办外币兑换、旅行支票、信用卡等收兑业务，如图4-7所示。酒店工作人员应掌握外币兑换业务知识，接受这方面技能的培训，以做好外币兑换服务。

图4-7　外币兑换点

1. 外币现金兑换业务

外币现金兑换业务是最常规的业务,但因为工作人员要直接与现金接触,因此需更加谨慎仔细。具体程序与标准如表4-3所示。

表4-3　兑换外币现金的程序与标准

程　序		标 准 要 求
1	做好准备工作	① 与上一班认真做好交接工作; ② 准备好兑换水单和足够的现金; ③ 查看兑换牌价是否已经根据当日银行的外汇牌价作了更新
2	问候客人	礼貌问候,询问客人需要兑换的币种及数额,确认其币种是否是酒店所能接受的币种
3	请客人出示有效证件	查看护照上的姓名与房卡是否一致、照片与客人本人是否相符,核对其身份,并称呼客人姓名加以确认
4	检查外币	礼貌地接过客人的外币,清点数额并当场唱收,再检查货币完整性及真伪
5	折算金额,填写兑换水单	① 告知客人当天的汇率; ② 根据客人外币兑换金额,计算折算后的人民币金额,请客人确认; ③ 请客人填写兑换水单,并签名; ④ 核对水单上的签名与护照上的名字是否相符
6	进行复核工作	复核现金数,将护照及水单的第一联交给客人,请客人清点
7	单据处理	将兑换水单归档,交班时结账

（1）水单

水单是外汇机构结售的收据,即外币兑换人民币指定点给国外旅游者开具的外汇兑换证明。水单上标有兑换率,该凭证的有效期为半年。填写水单时,要将外币名称、金额、应兑额、客人姓名及房号等填写在相应栏目中。

 知识拓展

可兑换货币种类及真伪辨别

酒店需根据中国银行或国家指定机构规定的兑换币种,确定客人的货币是否可以进行兑换。外币有"自由兑换货币"和"非自由兑换货币"。自由兑换货币在国家之间可实行货币自由兑换,在对外贸易和非贸易经济往来中作为国际支付手段;非自由兑换货币不能自由兑换成他国货币,在国际上一般不予以接受。由于欧洲统一货币的出现,目前中国银行推出的外币牌价货币主要有17种,分别为港币、美元、英镑、瑞士法郎、新加坡币、瑞典克朗、丹麦克朗、挪威克朗、日元、加拿大元、澳元、欧元、澳门元、菲律宾比索、泰铢、新西兰元、韩元。

当出现涂污、污渍、切断或撕裂、磨损、霉烂和残缺六种情况时,外币不予以兑换。

辨别货币的真伪可以用两种方法:第一,用仪器鉴别;第二,感官辨别。仪器鉴别,即使用专业化的机器来判断货币的真伪,如:验钞机、荧光灯。感官辨别是通过人的感知来辨认货币,兑换员在掌握该货币知识的基础上通过"一看、二摸、三听、四测"的方法来辨认。例如,真正的美元所用纸张为高级乳白色钞票纸,以棉、麻纤维作为原料,主要是用碎布捣成浆,经过特殊工艺制作而成,在紫色灯光下发荧光。其特点是坚韧、挺括、耐用。纸张新时,手拉有清脆声音,用旧后周边不起毛,而假美元则不具备这些特点。真欧元的防伪特征包括固定水印、钞票中间透光可见的一条黑色的安全线、全息图案、变色油墨、凹版印刷手摸有凹凸感等。

（2）外币兑换的注意事项

① 非住店客人原则上不予兑换外币。就餐或其他消费客人,只兑换相当于消费额的外币,并请出示护照,留下住址。

②严禁私自兑换外币,不得挪用备用金或将备用金借给其他人。

③所收外币须完整、无破损、无裂纹,不准有乱涂乱画和胶带、纸带黏贴的痕迹。

④兑换水单须严格控制,认真填写。写错需作废,重写。

⑤每班水单须严格控制,认真填写。写错需作废,重写。

⑥交接日志、牌价本、水单、兑换章等重要财务物品须加锁管理。

【案例展示】

外币兑换服务的技巧

一个星期六的下午,一位外国客人在酒店内的外币兑换处大吵:"难道你们不是五星级酒店吗? 为什么我的钱都不给换?"值班经理闻声急赶到外币兑换处,边劝慰客人边向服务员询问情况。原来这位客人想兑换旅行支票,而他并不住在此酒店,依据酒店的规定兑换处是不能为他兑换的。可是当服务员做了解释后,这位客人仍然非常气愤。

案例分析:上述案例中,兑换处的员工严格按规定办事没有错。但如果能够在向客人解释的同时主动为他提出建议,比如请他就近到银行(如:中国银行)去兑换,这样处理会更好,即使这位客人不住在本店,也能因你的建议而解决问题,自然也不会发那么大脾气了。

其实这不仅是一种服务技巧,也是服务质量的体现,前厅业务中应该注意将一些单一的解释变为主动的服务,那就会减少很多不愉快事情的发生以及客人的投诉。

2. 旅行支票的兑换业务

旅行支票兑换的程序与标准如表4–4所示。

表4-4　兑换旅行支票的程序与标准

程　　序		标　准　要　求
1	做好准备工作	① 与上一班认真做好交接工作； ② 准备好兑换单和足够的现金； ③ 查看兑换牌价是否已经根据当日银行的外汇牌价做了更新
2	问候客人	礼貌问候，询问客人需要兑换的旅行支票金额、币种，确认支付范围以及是否属于酒店的收兑范围
3	请客人出示有效证件	请客人出示房卡和护照，保证兑付的安全性
4	检查支票	礼貌地接过客人的支票，并检查、辨别真伪
5	请客人在水单上签名	让客人当面在旅行支票上复签。复签与初签必须相符，如签字走样，应要求在旅行支票背面再复签一次，认定相符后方予兑换
6	兑付货币	按当天汇率准确换算，扣除贴息

（1）旅行支票辨别真伪的方法

① 旅行支票（如图4-8所示）使用专门纸张印制。由于旅行支票从顾客购买到银行兑换没有处在流通的过程，所以，旅行支票就像新币一样声音爽脆。

② 旅行支票以凹版印刷，用手触摸旅行支票上发行机构名称、货币大小写及四周的花边处，有明显的凹凸感。

图4-8　旅行支票

③ 对光透视，旅行支票的水印清晰可见。

④ 旅行支票的下面和背面均呈现一些色彩的纤维丝黏着物。

⑤ 旅行支票初签和复签栏下面，有一条防伪的微缩线，看似一条实线，但在放大镜下，可以清楚地看到是由旅行支票发行机构的英文字母组成。

⑥ 旅行支票的底纹图案是使用化学防止涂改油墨印刷的，尤其是签字位置的底纹图案，任何企图涂改旅行支票签字的行为将立即使底纹的油墨发生变化，显示出英文"VOID"无效的字样。

⑦ 旅行支票的票面有荧

小提示

根据《日内瓦统一法》规定，拿到一张旅行支票后，这张旅行支票必须具备以下项目：① 写明其为"旅行支票"；② 出票人名称；③ 购票人（Purchaser）的初签；④ 兑付人的复签；⑤ 固定金额；⑥ 记名抬头人。如果不能辨别真假或有特殊情况不能兑换时，应婉言谢绝，并请客人去银行兑换。

光反应,利用紫光灯可以检验出清晰的荧光标志。

（2）核对签名时的注意事项

为了保证客人钱款的安全,客人在银行购买旅行支票时,银行会要求客人当场在旅行支票上初签姓名,以确保在兑换时验证兑换人的笔迹。没有初签的旅行支票为无效票,兑换员不能要求客人当场补上初签,遇到上述情况可礼貌地请客人去银行办理托收业务。

核对签字时,应注意以下几点:① 原签名是否被擦掉或用较粗的签名覆盖。有些人预先用较粗的铅笔在支票上临摹,然后用橡皮擦掉,留下印痕来诈骗。② 复签的斜向和原签名是否相符,与护照的签名是否一致。③ 复签时是否有姓名拼写错误,复签是否流畅。对已有复签的旅行支票,应要求持票人当着兑付经办人员的面在旅行支票背面再签一次,验对护照及护照上的签字,如复签与初签及护照上的签字相符,方予兑付。

知识拓展

外币旅行支票

外币旅行支票（Traveler's Cheque）是指境内商业银行代售的、由境外银行或专门金融机构印制、以发行机构作为最终付款人、以可自由兑换货币作为计价结算货币、有固定面额的票据。持有者可在国外向发行银行或旅行社分支机构及规定的兑换点,兑换现金或支付费用。1891年4月25日,美国运通公司发行了全球第一张旅行支票,使美国运通成为全球最大的旅行支票发行公司。目前全球通行的旅行支票品种有运通（American Express）、维莎（Visa）以及通济隆（Thomas Cook）等。旅行支票可以避免客人携带大量现金外出,资金的安全性比较好,而且可以挂失,虽然在购买旅行支票时需要支付一定的手续费（目前国内为1%）,但与信用卡在国外支付现金相比,手续费要低。

3. 信用卡兑换业务

信用卡是由银行或信用卡公司提供的一种供客人赊欠消费的信贷凭证,上面印有持卡者的姓名、号码、初签等。中国银行自1981年4月起,先后与一些代理机构签订协议,代兑由他们发行的信用卡。目前,可兑换的信用卡有:美国通用公司的运通卡（American Exprees Card）;香港汇丰银行的东美卡（签证卡）（Visa Card）和万事达卡（Master Card）;香港麦加利银行的大来卡（Federal Card）;日本东海银行的百万卡（Million Card）;日本（JCB）国际公司和三和银行的JBC卡（JCB Card）;我国自行发行的信用卡,有长城卡、牡丹卡、金穗卡等。

探索三　贵重物品保管

1. 贵重物品的保管服务

酒店除了为客人提供舒适的客房、良好的用餐环境外,还要对客人的财产安全提供保障。因此酒店通常为住客设置保险箱作为寄存贵重物品的设施。保险箱通常放在前厅处,因此工作人员还要掌握客户贵重物品保管的程序。具体程序与标准如表4-5所示。

表4-5　贵重物品保管服务的程序与标准

程　　序	标　准　要　求
1　问候客人,请客人出示住宿凭证	酒店只为住店客人免费提供贵重物品保险箱,因此要请客人出示房卡
2　填写单据	请客人填写贵重物品寄存登记卡,内容要完整,包括房间号、姓名、家庭地址、日期、时间并签字确认
3　选择合适的保险箱	依据客人需求,选择相应规格的保险箱,并将箱号记录在寄存单箱号栏内,如图4-9所示
4　给客人钥匙,打开保险箱	保险箱配备有两把钥匙,一把酒店保管,一把交给客人。两把钥匙同时打开保险箱门,取出存放盒,由客人亲自将所寄存的物品和寄存单第一联存入盒内,盖上盒盖 注:提醒客人管好自己的钥匙,如果钥匙遗失,要支付相应的赔偿费用
5　登记保险箱使用情况	填写客用安全保险箱使用登记簿,以备核查。注意每开启一次,应请客人在寄存单相关栏内签名认可,如图4-10所示

（a）

（b）

图4-9　保险箱

RECORD OF ACCESS
保险箱开箱记录

DATE 日期	ATTENDED BY 服务人员	TIME 时间	GUEST SIGNATURE 客人姓名

SURRENDER BOX

I hereby surrender my key to the SAFE DEPOSIT BOX.
I have safely withdrawn all properties placed or stored therein.

退保险箱
本人证明已交出保险箱的钥匙,并已掌去本人所存物品

SIGNATURE OF GUEST
客人签名 ＿＿＿＿＿＿＿＿＿＿＿＿　　DATE 日期 ＿＿＿＿＿＿＿

SIGNATURE OF FRONT DESK CLERK
前台职员的签名 ＿＿＿＿＿＿＿＿＿＿　　TIME 时间 ＿＿＿＿＿＿＿

图4-10　保险箱开箱记录单

2.保险箱退箱时的注意事项

客人退箱时,总台人员应收回该箱分钥匙和寄存单,并请客人在终止栏内注明终止日期、姓名,以免出现麻烦,如图4-11所示。

在客用保险箱实用登记簿上,做终止记录(日期、时间、经办人等)。

图4-11 保险箱记录单

探索四 夜间审计

夜间审计的主要工作内容就是核查上个夜班后所收到的账单,进行细致的审核,纠正错误,并保证酒店能显示当天的真实收益情况。具体程序与标准如表4-6所示。

表4-6 夜间审计服务的程序与标准

程 序		标 准 要 求
1	检查所有单据	检查所有营业部门的账单、单据是否都已传来登账
2	核查未付款账单和记账凭证	检查各营业点账单的总金额与记账凭证总金额是否相符,保证所有客人应收费用数目准确
3	核对客房状况和房租	核对客房状况,核对各房间账卡里的房间价格与电脑中的价格是否一致,有无输入错误的情况,并在零点以后集中一起房租过账,这样可以确认人数,便于管理和控制

（续表）

程　序		标 准 要 求
4	将各部门单据分类,计算各部门的收入总额	项目分别汇总。各项目汇总后与试算表中的借方数据核对。然后检查当天已结算的金额是否正确,并与试算表中的贷方数核对。如果有错误要进行纠正,但前提是要明确是哪一笔账目出错,不能盲目更改。如果出错数额较大,又不能马上查明原因的,应在"交班本"上记录
5	编制营业日报表	编制客房营业情况的业务报表,内容包括客房数量、接待客人数、客房出租率、当日品均价、客房营业收入等

【案例展示】

夜审出错了

某日夜班,小王在核查登记单时发现,902房登记单上的房价为320元含早餐,而计算机中输入的为260元不含早餐,因为已经晚上11点多了,不方便打扰客人,因此小王擅自将房价改回了320元含早餐,导致第二天客人结账时只承认260元房费,必须做60元房费负数。

案例分析:夜班核查登记单,发现房价与登记单不符,应要查看计算机中是否有更改记录,同时要与当事人联系确认,若无法确认时,应以低价输入,以避免做负数。

课后小舞台

1. 中午,方先生来到前台,想兑换1 500元欧元,当天的汇率为8.08,请你为方先生提供外币兑换服务。

2. 北京国旅在上海某酒店下榻了2天,计划于15号10∶00退房,但9∶00接到领队电话,要于11∶00退房。该团队中有两位客人使用了洗衣服务,有一位客人拨打了电话长途,还有两位客人在酒店用了一顿晚餐。现在请你为该团队办理退房手续。

模块五
销售服务

学习目标

● 了解客房分配的原则，能结合客人实际情况，合理安排客房。

● 掌握前厅工作人员所应具备的销售知识。

● 能根据销售程序，采用合理的报价方式和技巧，成功地向客人销售客房。

话题一 客房分配服务

艾米的困惑

今天轮到艾米值中班,由于下榻的客人较多,因此艾米一直忙忙碌碌。现在已经是晚上十点多了,艾米终于可以喘口气了。但当她刚坐下,就接到了客人的投诉电话要求换房,原因是走廊里太吵了。怎么回事呢?原来今天有个较大的旅游团下榻,由于走房原因只能把客人分散安排在不同楼面,在同一楼面的客人房间号也相隔较远,中间住着几位散客。那些旅行团中的客人就在走廊中相互叫喊,影响了其他客人休息。由此可见,在安排房间时也应考虑周详。

1. 排房顺序

排房顺序是客房分配中的重要一环,它不仅能满足客人的需要,而且还能保证酒店充分的客源。一般排房顺序如下:

① 团队客人;　　　　　　　② 贵宾和常客;

③ 已付订金的保证类客人;　④ 要求延期续住的客人;

⑤ 普通预订的客人;　　　　⑥ 未付订金的散客。

2. 排房技巧

(1) 针对性原则

根据客人的特点(身份、地位、对酒店经营的影响、旅游目的、生理心理特点、人数等)进行有针对性地排房。

① 贵宾(VIP):一般安排同类房中最好的房间,要求安全保卫、设备保养、环境等方面处于最佳状态。

② 统一团体客人:要注意采取相对集中排房的原则,尽量避免团队与散客、团队与团队之间的相互干扰,尽可能安排在同一楼层便于行李接送,也便于同一团队之间的客人相互联系。该团队离开后,可以把空房留给下一个团队,提高客房出租率。同时团体的领队或会务组人员,尽可能安排在与团体客人在同一楼层的出口处的客房。

③ 新婚夫妇:应安排较安静的带大床的房间。

④ 对老年人、伤残人或行动不便者:可安排在较低楼层靠近服务台或电梯口的房间,以方便服务人员照顾。

⑤ 家人或亲朋好友一起住店的客人:一般安排在楼层侧翼的连通房或相邻房。

(2) 特殊性原则

① 要根据客人的生活习惯、宗教信仰以及民俗不同来排房,如:注意楼层号、房号与宗教

禁忌的关系。

　　② 不要将竞争对手、敌对国家的客人安排在同一楼层,也不要是相近的房间,如:美国客人和伊朗客人。

 知识拓展

数字禁忌

- 日本人忌"9"、"4"、"13"和"6"。
- 韩国人忌"4"。
- 新加坡人视"4"、"7"、"13"、"37"、"69"为消极数字,尤忌"7"。
- 港澳台同胞喜"8"厌"4"。
- 欧美国家及信仰基督教的其他一些国家忌"13"。
- 俄罗斯人忌"13"喜"7"。

(3)特殊情况的处理办法

　　工作人员为当天来客编订房间时,通常会遇到的难题有:① 客房不足:这种情形通常会在旅游旺季、超额订房时出现。② 某类别客房不足:当多数客人预订同一类客房时(如:预订临江的房间)会出现这种情形。

　　通常客房不足的情况下,可以采取以下方法补救:

　　① 取消前一晚或当天不到的预订,从而多出房间便于安排。

　　② 谢绝任何客人的延期或延时迁出。

　　③ 在必不得已时,由前厅部经理决定是否为客人另找酒店。

话题二　前厅销售服务

艾米的困惑

　　参加完下午培训后,艾米才知道原来工作人员可以通过客房销售抽取一定提成,可惜之前接待的都是团队客人,没有机会向客人好好推荐。艾米刚在惋惜时,前台来了几位客人。原来是方先生酒足饭饱后要为其一位远方亲戚安排客房。于是艾米热情地接待了他,并主动为其介绍客房,诸如豪华套房1 088元,单人套房588元,唯独不介绍普通套房。方先生一脸尴尬,因为他只携带了300元,可艾米仍无动于衷。最后方先生只能先付了300元订金后回家取钱了。这一切都落入了前厅经理的眼中,她狠狠地批评了艾米一顿。可艾米认为自己是在为酒店的收益尽力,自己的行为是可取的。但经理的一句话触动了艾米:"虽然你这次获得了一点点小收益,但你却永远失去了一位客人。"

1. 前台销售的基础知识

大部分客人并不十分了解酒店的设施和服务内容,这就需要接待员熟悉和掌握酒店产品的基本情况和特点,包括酒店所处的地理位置、酒店的设施设备、服务项目的内容和特色、酒店产品的价格等。了解和掌握这些信息,是做好客房销售工作的前提条件。

(1) 酒店的地理位置

酒店所处位置是影响客人选择是否入住的重要因素之一,是指酒店所处区域的交通便利程度、周围环境等,前厅部服务人员应充分利用现有的地理位置进行积极推销。

(2) 酒店的设施设备

前厅部服务人员应娴熟地掌握酒店所拥有的设施设备及其有别于其他酒店的特点。例如,各类房间的面积、色调、朝向、功能、楼层、价格、设施设备和用品等,以及酒店的外观、风格、有特色的房间、别具风格的餐厅,各健身、娱乐场所及提供的美味可口的精致菜肴等。只有在对以上内容了如指掌时,接待员才能向客人详细介绍,提高销售的成功率。

(3) 酒店的服务项目

服务是酒店所销售产品中最为重要的部分,且是无形的。优质、高效的服务,需要具备的因素有:S——Smile(微笑)、E——Effeciency(效率)、R——Receptiveness(诚恳)、V——Vitality(活力)、I——Interest(兴趣)、C——Courtesy(礼貌)、E——Equality(平等),合并这些字母即为服务的英文单词SERVICE。作为与客人接触面最广的前厅部服务人员,更应努力提高自身的服务意识、服务技能,给客人留下美好的印象。尤其是当客人提出临时的、合理的特殊服务要求时,更应千方百计地满足,突出酒店"个性化服务"。

(4) 酒店的氛围

酒店的氛围是客人对酒店的一种感受。灯光、墙纸、地毯、绿树、花束、喷泉、背景音乐、服务员的制服、微笑和酒店的名气等都能带给客人不同的感受。前厅部工作人员应在努力销售产品的同时凸显酒店独具特色的氛围,给客人高品位的享受。

(5) 重视客人的心理需求

逐一分析客人的心理需求。不同的客人会有不同的消费需求,接待员应根据客人的年龄、职业、国籍、兴趣爱好等方面的情况,判断客人的支付能力、消费需求,从而适时地、有针对性地开展销售工作。只有通过细致的观察和耐心的了解,才能把握住客人的心理特点,才有助于与宾客进行沟通,才有利于成功地推销客房及其他产品。

2. 客房销售程序

为了增加客房销售的收入,工作人员不仅要提供安排客人入住等服务,还需要向客人推销客房,是一名真正的销售人员。具体程序与标准如表5-1所示。

表5-1　客房销售的程序与标准

程　序		标　准　要　求
1	了解客人消费特点	根据客人年龄、性别、职业、国籍、住店目的等消费特点,采取针对性的销售方法
2	向客人介绍客房	生动描述房间的特色,并给予恰当的形容和强调
3	与客人沟通价格	有技巧地与客人沟通价格,避免硬性推销。选择有利的时机将价格提出来,便于客人接受
4	展示客房	可以给客人看一下酒店宣传册,使其有直观感受,如图5-1所示。必要时,可带领客人实地参观客房,由高档逐步向低档展示。服务人员要充满自信,热情、礼貌地介绍
5	促成购买	如果客人有感兴趣的迹象,应使用合理的语言和动作促成客人购买

图5-1　酒店宣传手册

（1）不同的客人,不同的客房要求

① 商务客人:公费出差,日程安排紧,可以推销安静的、有办公桌的、便于会客的、房间内办公设备齐全的（装有IDD和DDD电话以及Internrt插口、计算机、传真机、打印机等）、价格较高的商务房。

② 蜜月客人:喜欢宁静、氛围温馨的房间。

③ 年老的和有残疾的客人:喜欢住在靠近电梯且低楼层的房间。

④ 旅游客人:喜欢干净、简洁、经济实惠的客房。

(2) 销售客房时的注意事项

在向客人销售过程中,着重推销的是客房的价值而不是价格,如:景观房强调视野开阔、套房强调气派等。介绍的内容还可以包括客房的种类、位置、形状、朝向、面积、色彩、装潢、家具等,还可以介绍一下酒店的一些便利设施服务,如:会议厅、宴会厅、餐厅、酒吧、茶座、商务中心、洗衣、理发、游泳、康乐中心、商场、停车场等酒店有特色的项目。使客人产生酒店有良好便利服务的心理,减弱客房价格在其心中占据的分量,认为酒店销售的产品物有所值,物超所值。

3. 客房销售技巧

为了做好客房销售工作,工作人员必须不断地去研究、总结、运用一些销售技巧,提高客房销售的成功率。

(1) 态度诚恳友善

① 仪容仪表到位,面带微笑,举止优雅,礼貌问候客人。

② 与客人交流时要保持眼神交流。

③ 熟记客人姓名,用客人的姓称呼,给人以亲切感,但不要直接称呼客人的名字,对话中应至少称呼客人三次。

④ 与客人沟通时,用词简单、明了,遇到问题要耐心解释,不要打断客人思路或表露烦躁的情绪。

⑤ 耐心聆听,得知客人的真正要求。

⑥ 正面介绍客房,不要做不利的比较。

(2) 选择适当的报价方式

① "夹心式"报价。

"夹心式"报价也称"三明治式"报价,即将房价夹在所提供的服务项目和利益中间进行报价,以减轻价格的分量。例如对度蜜月的新婚夫妇可以说:"一间海景房,宽敞舒适,价格为600元,该房价不仅含早餐,还包括了酒吧任意两杯饮料的消费。"要切记提供的服务项目要符合客人的利益。

② 高低趋向报价。

这种报价法首先向客人报出酒店最高房价,让客人了解最昂贵的房间所配套的环境和设施,再报较低价格客房和配套服务,让客人感受到高价伴随的高级享受,这种报价方法主要是针对讲究身份、地位的客人设计的。

③ 低高趋向报价。

由低到高报价。适合那些做过酒店房价市场调查的客人。

④ 交替排列报价。

先报最低价格,再报最高价格,最后报中间价格,让客人有选择适中价格的机会,也维护了酒店的收益。

⑤ "冲击式"报价。

"冲击式"报价即报低价格,这种报价比较适合消费水平较低的客人。

⑥ "鱼尾式"报价。

"鱼尾式"报价即先介绍所提供的服务设施与项目等,最后报出房价,减弱价格对客人选择判断的影响,适合中档消费水平的客人。

⑦利益引诱报价。

主要针对已经预订好但房间价比较低的客人,在入住登记时,工作人员可抓住二次销售的机会,采取给予一定附加利益的方法,使他们放弃原定计划,转向购买更高一档次的客房。如:"先生,您只要再付50元,不仅可以将原先的大床房换成豪华套房,还可以享受免费早餐和免费的按摩服务"等。

(3)循循善诱

为客人推销客房就如同推销商品一样,要生动地描绘、耐心地讲解,还要洞察客人的情绪变化,采取合适的语言和行为,鼓励客人购买。如当客人犹豫时,我们可以说:"方先生,您眼光真好,一眼就挑中了我们酒店景色最佳的客房,推开窗户就可看到辽阔的大海,心情舒畅,您现在就办理手续吗?"边说边将入住登记表递给客人,并投以真诚的目光。另外,你在推销时要注意:

① 不要直接询问客人要求哪种价格的客房,应在描述客房情况的过程中,试探客人需要哪种。

② 要善于观察和尽力弄清客人的要求和愿望,有目的地销售符合客人需要的客房。

[案例展示]

前台销售小技巧

某天,上海一家五星级豪华酒店前厅部工作人员小张接到一位香港客人来电,他想预订两间房价在600元左右的标间,预计一周后抵达。

小张查了订房系统,发现一周以后的标准间已经全部订满了。但是他并没有挂断电话,觉得这是个很好的推销机会,用商量的口吻对客人说:"不好意思,王先生,我们的标房已经订满了,但我们非常希望能够接待像您这样尊贵的客人。现在我们酒店有两间豪华套房,只要每间加200元,您就可在套房内眺望外滩优美的景色,室内还有西式家具和古玩摆设,提供的服务也是上乘的,相信您住了以后会满意的。"

讲到这里,小张故意停顿了一下,等待对方回答。但王先生沉默了一会儿似乎正在犹豫,小张又继续讲道:"我知道您并不会计较房价的高低,而是在考虑这种套房是否物有所值。请问您乘坐哪班飞机来上海?我们可以派车到机场接您,抵店后您参观一下套房,那时候再决定也不迟。"客人听小张这么一讲,反倒是感到有些盛情难却了,最后答应先预订两天的豪华套房。

案例分析:前厅预订员在平时工作中促销时,一方面要以热情的服务来达到促销目的,另一方面则要掌握一定的销售心理和语言技巧来积极主动地促销。

这个案例中的小张在得知客人最初想要预订的标准间没有了以后,并没有生硬地将客人推向其他酒店,而是善意地向客人提出其他建议,供客人选择。并采用了"利益引诱法",使客人的注意力集中在他租用房间后可以享受哪些服务、自己的付出是不是"物超所值"上,而没有引导客人考虑房价的问题。最后酒店积极主动促销的正面效果终于实现了。

4. 针对特殊客人的销售技巧

（1）对"优柔寡断"客人的销售技巧

有些客人，尤其是初次住店的客人，可能在听完接待员对客房的介绍后，仍然不能做出决定，此时接待员应：

① 注意观察客人的表情，设法理解客人的意图。

② 用提问的方式了解客人的特点及喜好，然后有针对性地向客人介绍各类客房的优点。

③ 善于运用言语和行动促使客人下决心。例如，递上住宿登记表说："这样吧，您先登记下……"或者说："要不您先住下，如果您不满意，明天再给您换房间"等等。

④ 如果客人仍然保持沉默或者犹豫不决，就可以建议客人在服务人员的陪同下，实地参观几种类型的客房，使客人增强对房间的感性认识。

（2）对"价格敏感"客人的销售技巧

对于"价格敏感"的客人，前厅接待员应熟悉本酒店的特殊价格政策，认真了解对"价格敏感"客人的背景和要求，采取不同的销售手段，给予相应的折扣，争取客人入住。

（3）工作繁忙时的销售技巧

由于团队客人或外地客人的到店时间比较集中，往往会出现客人排队现象，客人会表现出不耐烦。此时，接待员可采取以下方法提高工作效率：

① 掌握会议时间、团队客人的到店时间，做好接待准备，以减少客人办理入住手续的等候时间。

② 确保手头有足够的登记所需的文具用品，保证工作有序完成。

③ 选派专人指引，帮助客人办理入住登记，以缩短客人的等候时间。

④ 按"先到先服务"的原则，认真接待好每一位客人，做到忙而不乱。

小提示

在向优柔寡断的客人推销时，同时介绍酒店周围的环境，能增加感染力和诱惑力，或者适时地给客人附加些小利益也往往能起到较好的效果。

小提示

在向对"价格敏感"的客人销售客房时应注意：

① 在报价时一定要注意积极描述住宿条件。

② 提供给客人一个选择价格的范围。

③ 要运用灵活的语言描述高价房的设施优点。

④ 描述不同类型的客房时，要对客人解释说明客房的设施特点。

课后小舞台

请你用合理的报价方式为下列客人推销房间，并阐述推荐的理由。

（1）四位大学生在旅游途中入住酒店，但事先未作预订。

（2）两位匆匆到该城市商谈生意的日本客人，事先也未作预订。

（3）已预订一间大床房的三口之家。

（4）一个旅游团，已预订普通标房，其中有一对新婚夫妇。

其他服务篇
——详细、多面的
对客服务

模块六
礼宾服务

学习目标

● 学习礼宾部的职责和日常工作内容。
● 能规范做好门童的迎送服务。
● 能规范做好门童的行李服务。

话题一 迎送客人服务

艾米的困惑

在问讯处轮岗实习已经半年了，这次艾米来到了礼宾部。艾米觉得很奇怪，礼宾部不是都是男服务员吗，我是个女生，能做些什么事呢。没想到来到礼宾部的第一天，艾米就接到了任务，让她协助同事大卫一起去接机。艾米完全没有头绪，到底要准备些什么呢？礼宾部的工作还有哪些呢？

礼宾部的员工是最先与客人接触的人，会给客人留下最直接的第一印象，因此礼宾部的工作质量和形象非常重要。为了体现酒店档次，许多星级酒店都设有礼宾部，其主要职责包括迎送宾客服务、行李服务、寄存服务、委托代办服务等。

探索一 店前迎送宾客服务

店前迎送服务主要由门童负责。他们一般穿着较高级、正式以及醒目的服饰，站在正门处，其一举一动都代表了酒店的形象，所以许多酒店都会安排外表英俊、身材魁梧的男性来担任，如图6-1所示。门童的主要职责是向进出酒店的客人致意、协调门前车辆的进出、为客人提供相应的服务和协助行李员的工作。因此在要求形象好的同时还要求精神饱满、思维敏捷，用规范及良好的服务让客人感受到酒店服务的热情，极大地满足顾客受人尊敬的心理需求。门童一般由青年男子担任，但有些标新立异的酒店会启用一些气质良好的女性或者具有绅士风度的中年男子甚至老年男子，同样能给人留下深刻且良好的印象。

图6-1 门童问候客人

1. 迎接宾客

根据酒店的服务标准，门童在店前一般如表6-1所示步骤来接待客人。

表6-1　迎宾服务的步骤及要求

迎宾步骤		迎宾服务的要求
1	准备工作	到岗前穿着制服、佩戴胸卡，以良好的精神状态迎接客人
2	到岗站姿	双手自然下垂或放置在背后，双脚自然张开，两脚间的距离与肩同宽，抬头挺胸、目视前方、面带微笑，时刻关注门前情况
3	问候客人	客人抵店时，向客人点头致意，表示欢迎："您好，欢迎光临。"如客人乘车，则在距离车辆约10米处引导车辆停在大门中心的相应位置。车停稳后，替客人打开车门，然后热情问候。开车门时，用左手拉开车门成70°角左右，右手挡在车门上沿，为客人护顶，防止客人碰伤头部，如图6-2所示。对于乘坐出租车的客人，应在乘客结完账后开门，前后都有乘客则应先为右后方乘客开门，再开右前门。对于重要客人或者熟客，应及时准确地称呼客人的姓氏。如遇上雨天，门童则应带好雨具迎接客人下车并要为客人打伞
4	检查是否有遗留物品	门童在客人下车后要帮忙检查是否有遗留物，然后再关上车门
5	为客人卸下行李	客人行李较多时，应马上招呼行李员一起将客人行李搬上行李车，以及提醒行李员与客人核对行李数量；还应询问出租车后备箱是否有行李，不要遗漏
6	团体客人	团体客人到店前，应做好迎接的准备；团体大客车到店时应维持好秩序，对客人点头致意，有行动不便的客人要帮忙扶助，帮助客人提行李；客人下车完毕后，示意司机将车开走，将车停到指定停车地点
7	请客人进店	及时为客人拉开酒店正门，说"请进"，同时伸出右手，引向酒店正门，邀请客人进店，如图6-3所示

图6-2　门童护顶

图6-3　门童推门

2. 送客服务

门童送客的步骤与服务要求如表6-2所示。

表6-2　送客服务的步骤及要求

送客步骤		送客服务的要求
1	问候客人	对于走出酒店的客人,手上携带行李的要及时道别并主动上前服务。对于暂时外出的客人可以说"一会儿见"。问候时尽量能称呼客人的姓氏,如:"某先生,再见。"
2	为客人叫车	询问客人是否需要叫出租车,问清目的地,然后招呼在外等候的出租车,如果没有等候的出租车,应该走到酒店路口为客人招呼出租车。等待出租车驶到酒店门口后,提示司机在指定地点停车,为客人开门,请客人上车、护顶、道别,感谢客人光临,预祝旅途愉快。待客人坐稳后再关上车门 注:门童要安排好在店外候客的出租车,防止出租车为了抢生意而发生混乱
3	协助装运行李	协助行李员将行李装上车,请客人核对无误后关上车辆后备箱
4	送客	当汽车启动时,门童要站到车辆的斜前方向客人挥手道别,目送客人离店,并向司机示意引导车辆驶出酒店
5	送团队客人	送别团队客人时应站在车门一侧,向客人点头致意,并注意行动不便的客人要及时扶助其上车。等客人都上车后示意司机上车,向客人挥手道别,目送客人离店

【案例展示】

客人行李被错拿

一天上午,上海一家五星级宾馆大堂内,各国客人来来往往,熙熙攘攘。一位马来西亚客人提着旅行箱走出电梯准备离店,正在值勤的保安员小许见行李员都在忙着为其他客人服务,便热情地迎上前去,帮马来西亚客人提起旅行箱往大门走去。快到行李值台时,他发现电梯口又有离店客人出来需要帮助,于是就把行李寄放到行李值台处放下,并请值台人员代办,随即回电梯口为其他客人服务。

这时,又有一批日本客人离店,无意之中把那位马来西亚客人的旅行箱一起带走了。当马来西亚客人在为寻找自己的行李急得团团转时,离其乘坐的赴苏州的火车时间只有1个小时了。客人相当生气地向酒店投诉。

案例分析:为了保障客人行李财产的安全,酒店应加强对员工服务有关服务程序的检查与监督。保安员小许主动补位帮助客人搬运行李,这种行为是出于好意。之后他为了进一步为其他客人服务,将手头客人行李半途转交行李值台处理,从严密的工作程序上分析,其做法不妥当,最好将客人的行李一手处理完毕后再去为其他客人服务,这样才较为稳妥。另一方面,值台服务员既然接受了小徐的委托,就应该保管好客人的行李,如果他特意将马来西亚客人的行李分开,那就可以避免日本客人拿错行李的事情发生了。

探索二　店内门童迎送服务

店内门童迎送主要是在大门内侧,在大门的左右两边,向进出酒店的客人表示欢迎,并为客人提供拉门服务。有时也会遇到一些客人的询问,所以门童还要了解一些当地的相关信息。具体步骤与要求如表6-3所示。

表6-3　店内门童迎送服务的步骤及要求

店内迎送步骤		店内迎送服务要求
1	准备工作	站在门内距门把手一个手臂距离的位置,两眼平视,时刻注意门内外客人的动向。抬头、挺胸、收腹,面带微笑,主动向客人问好
2	为客人拉开大门	客人走到离大门约两米处,拉开大门呈90°角,拉门时一手握住门把手,一手放于背后,身体向门内方向横移一至两步。开关门时,门童要注意不要让门碰到客人或夹住客人。酒店使用玻璃幕墙时,要提醒客人不要撞上,尤其是在大堂中嬉戏的小孩、行色匆匆的客人和边通话边行走的客人
3	向客人问候	向客人点头示意微笑,问候"早上好"、"下午好"、"晚上好"、"欢迎光临"、"祝旅途愉快"等。如果是下雨天,门童要帮助客人将雨伞放到专用的伞架上面,或为客人提供伞套。要先问客人:"我可以为您存放吗?"语气要热情,不要机械化。对于熟客或重要客人要称呼其姓氏
4	其他日常任务	①协助保安做好门前的保卫工作,注意门前来往客人,发现可疑人员应该提醒保安加以注意观察,对于形迹可疑者谢绝入内,确保酒店安全。发现可疑物品要及时提醒保安注意。②时刻检查门上部件是否完好,如发现故障应及时排除或迅速通知维修人员,确保不会碰撞到客人和行李。③遇到客人问询时要热情准确地回答,如果对客人的问题没有把握,应向客人表示歉意,礼貌地请客人到问讯处问询。绝不可以用"不知道"这样生硬的语言回复客人

探索三　店外迎宾服务

店外迎宾服务由酒店代表负责。酒店代表在机场、车站、码头等主要出入境口岸迎接客人,提供有效的接送服务,其本质就是前厅礼宾服务的延伸。具体步骤与要求如表6-4所示。

表6-4　店外迎送服务的步骤及要求

店外迎宾步骤		店外迎送服务要求
1	获取客人信息	根据前台预订处取得需要接站的客人名单,掌握客人到达航班的班次、到达时间及客人所要求接机的交通工具
2	确认到达时间	提前查询航班信息时刻表,估计客人到达时间,如不能确定抵达时间,可打电话询问航空公司该班次的落地时间。提前半小时或1小时到站等候

（续表）

店外迎宾步骤		店外迎送服务要求
3	准备迎客牌	迎客牌上应有酒店和客人的名字，在机场可以引起客人的注意。迎客牌正面是中文，背面可以是预订客人的母语。迎客牌应有较长的把手方便高举牌子，让客人更容易看到
4	再次确认和准备用车	确认到达人数以及指定的交通工具，向车辆管理部门预订车辆。接客车辆应提前20分钟到达指定地点等候
5	迎接客人	到站后时刻注意客人所乘航班（车次）抵达时间的变动，如有延误或取消要及时通知酒店总台。航班正常抵达后应站在显眼位置，高举迎客牌，当客人出现后，酒店代表应主动上前问候同时表示欢迎，并自我介绍。客人行李多时应上前协助提运。如未接到客人则应立即打电话向前厅查询客人是否已自行抵达酒店。返回酒店后，要立即与前厅确认客人情况，向上级汇报，并将未接到客人的情况在交班簿上注明。如果有未预订的散客询问，要主动向客人介绍酒店及相关服务，争取多推销客房
6	行车途中	在行车途中要主动介绍本地的一些景点和酒店概况，既可以使客人不感到无聊，也可以争取多推销酒店的服务。在路上遇到堵车或者其他重大情况时，应时刻与总台保持联系通报情况
7	客人到达酒店办理手续	引领客人到总台办理手续，特别要注意VIP客人到站后要直接带领客人去VIP专用通道办理入住手续
8	掌握离店客人送机需求	掌握离店客人时间、要求的交通工具和航班车次，主动安排好车辆，提前十分钟在酒店门口等候。按时将客人送至机场、码头等，热情向客人道别，预祝客人旅途愉快，一路平安

客人的贵重物品、随身携带的手提包、易碎品请客人自行随身携带。团队客人在人数较多的情况下，可在车上请客人填写入住登记表，加快到达酒店后办理入住登记手续的速度。

 知识拓展

金　钥　匙

图6-4　金钥匙标志　　　　图6-5　金钥匙徽章

"金钥匙"的原型是十九世纪初期欧洲酒店的"委托代办"（Concierge）。而古代的Concierge是指宫廷、城堡的"钥匙保管人"。

国际"金钥匙"组织是一个全球性的协会，目前已分布在全球39个国家和地区，拥有数千名会员，如图6-4所示。我国于1997年加入该协会，拥有1 350名会员，众多会员分布在全国数百家高星级酒店中。

"金钥匙"的口号是："在客人的惊喜中，找到富有乐趣的人生。"对中外商务旅游者而言，"金钥匙"是酒店内外综合服务的总代理，一个在旅途中可以信赖的人，一个充满友谊的忠实朋友，一个解决麻烦问题的人，一个个性化服务的专家，如图6-5所示。

在"中国酒店金钥匙"的蓝图中，始终有一个明晰的目标：使中国旅游酒店业能够和国际接轨，同时在国际上竖起一块牌子，证明"中国的旅游酒店服务是优质的"。

欧洲人早在70年前就已经认识到"金钥匙"服务的重要性，美国人在40年前就开始学习和运用"金钥匙"服务并体会到这个信誉组织的价值所在。在美国，一家很受人喜爱的酒店，往往是"金钥匙"服务十分到位的酒店。20年前，新加坡和香港地区迅速在亚洲的酒店中推广这种个性化的品牌服务。

"金钥匙"的服务范围很广：向客人提供市内最新的流行信息、时事信息和举办各种活动的信息，并为客人代购歌剧院或足球赛的入场券；为团体会议制作计划，满足客人的各种个性化需求，包括安排正式晚宴；为一些大公司设计旅程；照顾好客人的子女；甚至可以为客人把金鱼送到地球另一边的朋友手中。

话题二　行李服务

艾米的困惑

行李员整天忙碌地进出为客人搬运行李，艾米对他们的工作流程颇感好奇。有时一大早，艾米会看见大堂的一角有许多行李有序地排列着，她思索着：为什么不把这些行李收拾好呢？行李这样放着不会影响酒店的形象吗？

行李服务是酒店前厅部提供的重要服务之一，酒店把这项服务的提供机构称为"行李处"，也有酒店把这项业务归于"礼宾部"。行李服务常规服务内容包括店内行李运送服务、行李寄存服务、委托代理服务等。行李处位于大堂近正门处，能方便客人找到行李员，也便于行李员观察客人动向。由于散客和团队客人有许多不同的特点，其行李规程也有所不同。

探索一 散客行李服务

1. 散客入住行李服务

散客入住行李服务的步骤及要求如表6-5所示。

表6-5 散客入住行李服务的步骤及要求

散客入住行李服务步骤		具体服务要求
1	行李员主动向客人表示欢迎	请客人一起清点行李件数并检查行李是否有破损，如果客人行李较多可用行李车运送，然后把客人引领到酒店接待处，如图6-6所示。用行李车运送时，应该将大件、重的行李放在下面，小的、轻的行李放在上面，并要注意易碎及不能倒置的行李的摆放。对于客人的贵重物品、手提包、易碎品等不必主动提拿，如果客人要求协助提拿则一定要小心轻放
2	引领客人	走在客人的左前方，距离两三步，步伐节奏要与客人保持一致，拐弯处或人多时，要回头招呼客人。将客人引导至接待处后，行李员站在接待处前（离服务柜台1.5米）客人的侧后方等候，手背后站在行李后方，替客人看管行李，随时留意客人举动并听候吩咐
3	客人办理完入住手续后	上前从客人或接待员手中接取房间钥匙，护送客人到房间，遇到拐弯时要向客人示意。途中，要主动热情地向客人介绍酒店的服务设施及各部门营业时间。如果客人有其他事情要办，要求先将行李送入其客房，行李员要记住房间号，将钥匙交还给客人，然后去前台问讯处借用楼层钥匙乘坐行李货梯将行李送入客房
4	乘坐电梯	要先侧身护住电梯门让客人进出电梯，为客人按楼层键。电梯开门后行李员应该按住门口的按钮先让客人进入电梯，如图6-7所示，如果有其他客人，也应该让其他客人先进电梯。进入电梯后行李员应替客人按下相应的楼层按钮，如果有其他客人也应该询问他们需要到达的楼层，并帮助按下按钮。当乘坐电梯的客人很多，行李员又推着行李车时，应该将房间钥匙交给客人，请客人先到客房，并说明自己会坐行李专用电梯随后到达。酒店没有其他专用电梯，可以让客人先上楼，自己等待下一部电梯
5	出电梯后	出电梯时应说"请"，自己按住开门的按钮，并用手势示意客人先出电梯。行李员应走在客房所在位置走廊的另一边，让出视线给客人，当到达客房门口时应该提示客人已到达。进入客房前，不管这间客房是否是空房，都应该先按门铃，并敲门一长二短共三声。具体做法如下：先按一下门铃，停3秒后，再按一次门铃，同时要报"行李服务"或"bell service"各一次，然后再通报一次确认为空房后再进入房间。如客人是晚上到达酒店，行李员应该先进入房间打开灯再请客人进入。将行李放在行李架上（如图6-8所示）或按客人吩咐放好，请客人清点行李数量，将钥匙交还给客人。要注意行李车不能推进房间。进房后，如发现已有客人的行李或房间未整理，或是客人对房间不满意，要立即向客人道歉，并与前台联系，为客人换房
6	行李放置之后	放好行李后，简要介绍房内的主要设施及使用方法。如果客人以前曾住过本店，则不必介绍，只要介绍最新的服务项目
7	介绍完毕后	征询客人是否有其他需要，可以问："先生/小姐，还有其他需要吗？"如果客人没有别的吩咐应该立即离开，避免有向客人索要小费的嫌疑。离开时应说："希望您住得愉快。"退出客房时应该面带微笑，面向客人道别并将房门轻轻关上。以上操作过程，一般普通房不可超过18秒，套房不可超过25秒。如果客人有事先到别处，要求行李员先将其行李直接送入房间，一定要认真落实行李所送房间号码准确无误

（续表）

散客入住行李服务步骤		具体服务要求
8	离开房间后	走员工通道返回礼宾部，将运送行李的情况记录在礼宾部行李员服务记录表上，如表6-6所示。行李车从货运电梯带回。行李员每次运送完行李后，应马上回到工作岗位，迎接新的客人

图6-6　行李车和行李员

（a）

（b）

图6-7　为客人按电梯

图6-8　客房内行李架

表6-6 散客行李(入店/出店)登记表

日期(Date)

房号 Room No.	上楼时间 Up Time	件数 Piece	行李员 Porter	出行李时间 Departure Time	行李员 Porter	车牌号码 Taxi No.	备注 Remarks

2. 散客离店行李服务

散客离店时行李服务的步骤与具体要求如表6-7所示。

表6-7 散客离店行李服务的步骤及要求

散客离店行李服务步骤		具体服务要求
1	准备工作	站在大门口两侧及前台边侧的行李员遇到有客人携带行李离店时,应主动上前提供服务
2	接到通知	当客人用电话通知礼宾部要求派人运送行李时,应有礼貌地问清房号、姓名、行李件数及搬运时间等,并详细记录。然后按时到达客人所在的楼层,行李员可以根据行李件数决定是否需要带行李车上楼
3	取行李前	行李员在上楼取行李前,通过计算机系统或与前台收银处联系,核查客人是否已经结账,这样可以及时提醒客人在离店时去收银处结账
4	取行李时	行李员应按客人要求的时间到客房取行李。到达客房门口后,先将行李车停靠在客房门口一侧,进入房间前,要先按门铃,再敲门,通报,征得客人同意后才能进入房间。进入客房后主动问候客人并进行自我介绍说明来由,与客人共同清点行李件数,检查行李有无破损,如果遇到易碎物品要在物品上贴好"易碎物品"标志。然后与客人道别,迅速提着行李(或用行李车)离开房间。如果客人要求一起离开,要提醒客人不要遗留物品在房间内,离开房间时要轻轻关门
5	等候客人结账	行李员应礼貌地请客人出房,主动为客人按电梯,提供电梯服务。到达大堂后对于没有结账的客人,行李员应礼貌地询问是否需要去收银处结账。客人结账时,要站在离客人身后1.5米处等候,待客人结账完毕,将行李送到大门口
6	送客人离开	送客人离开酒店时,行李员将行李搬上车辆后,再次请客人清点行李件数后再装上汽车,向客人道别,祝客人旅途愉快
7	客人离开后	完成行李运送工作后,将行李车放回原处,填写散客离店行李搬运记录

3. 客人换房时行李服务

住店客人入住后由于酒店或客人自身的原因,有时需要客人换房间。一种是客人刚进客房时就提出换房,另一种是客人已入住一段时间并使用过房内设施后要求换房,第二种情况下,如果是客人自身原因非酒店原因要求换房,需要支付一定的换房费用。具体步骤与要求如表6-8所示。

表6-8 换房时行李服务的步骤及要求

换房行李服务步骤		具体服务要求
1	接到通知	接到总台客人换房要求行李服务的通知,要问清客人房间号码,并确认客人是否在房间。同时要询问清楚有多少件行李,决定是否需要用行李车。上楼前向前台要新换客房的钥匙或房卡
2	进客人房间	要先敲门,经过客人允许方可进入。客人不在房间时应与客房服务员一起搬运行李,并做好清点。如果客人没有将行李整理好,要将本房间内所有客人的物品原封不动地移到新换的房间内,包括抽屉内的小物品、杂志、化妆品等
3	清点行李	与客人一起清点行李及件数,将它们小心地装上行李车,尤其注意贵重物品和易碎物品
4	进入新房间	带客人进入新房间后,帮助客人把行李放好,然后收回客人的原房间钥匙和住房卡,将新房间的钥匙和住房卡交给客人,如客人没有其他服务要求,向客人道别,离开房间
5	客人换房后	将客人的原房间钥匙和住房卡交给总台服务员,填写《换房行李登记表》,如表6-9所示

表6-9 换房行李登记表

日期	时间	出(房号)	到(房号)	行李件数	行李员签名	楼层服务员签名	备注

【案例展示】

客人行李箱上面的小轱辘不见了

寿先生准备离店,行李员到该客人房间取走多件行李,用行李车推到前厅行李间以后,客人正好结完账。当行李员准备将行李搬上汽车,要客人清点时,寿先生忽然发现了什么,于是很不高兴地指着一只箱子说:“这只箱子上面的轱辘怎么掉了,你们饭店怎么做事的!”

行李员听罢感到很委屈,于是辩解道:“我到客房取行李时,这只箱子本来就是坏的,运送时根本就没有碰撞过。”

客人一听就恼火起来:"明明是你弄坏的,没有一点认错的态度,我要你们赔偿,我要投诉。"

这时前厅经理听到有客人在发火,于是马上走过来向客人打招呼,接着耐心听取客人的指责,同时仔细观察了箱子受损的痕迹,然后对客人说:"我代表酒店向您表示歉意,这件事是我们的错,应该由本店负责,请您提出赔偿的具体要求。"

此时客人感到为了一只小轱辘,没有必要小题大做,于是保持沉默,这时前厅经理便顺水推,和行李员一起送客人上车,彼此握别,客人没有再追究此事。

案例分析:作为酒店服务员都应该有前厅值班经理这样的觉悟,在没有搞清楚箱子究竟为何受损的真相之前,就得先主动向客人表示承担责任。而就此事而言,酒店的确有不可推卸的责任。该行李员的做法明显有失妥当:首先行李员到客房内取行李时未查看行李是否完好无损,而且没有当场请客人核对行李是否受损;其次,行李员直接和客人争辩,即使是客人有错服务员也不应和其争辩,而且一开始客人并没有要酒店赔偿的意思,此时只需行李员主动认错,客人也就不会多加追究。

探索二 团队客人行李服务

酒店接待的团体客人主要是指有组织的旅行社团队、会展团队等。团队行李一般是由接待单位从车站、码头、机场等地装车运抵酒店的。团队离店时的行李也是由接待单位运送。而酒店的工作是按(旅游)团名点清行李件数,并做好交接手续,做好店内的行李运送工作。酒店在客户的要求下也有到店外接送行李的服务,但这样的服务一般需要另外收费。

1. 团队行李入店服务

团队行李入店服务的步骤及要求如表6-10所示。

表6-10 团队客行李服务的步骤及要求

团队行李入店服务步骤		具体服务要求
1	团队行李到达时	提前填写好进店行李牌,注明团队名和进店日期。为了避免接错团队,每个团队在出发前接待单位会给团队编号,酒店可以根据对方提供的团队名称、编号来区分不同的团队,以及行李到店的时间、件数,按编号取出该团的订单。核对无误后,请运送行李人员签名。负责交接的行李员应与运送人员共同清点行李件数,检查行李的破损及上锁情况,如行李有破损、未上锁或异常情况,须在记录表及对方的行李交接单上注明,并请对方签字证明
2	团队行李运到酒店时	团队行李运到酒店时,清点无误后,应立即在每件行李上系上行李牌,客人下车后,负责团队行李运送的陪同人员一起上车检查有无客人的遗留物品。要注意将入店行李与出店行李,或是几个同时到店的团队行李分开摆放
3	分拣行李	行李员根据前台分配的房号,与团队陪同或领队一起将行李进行归类,走行李通道送行李上楼层。装行李时应注意同一楼层的行李集中装运。同时送两个以上团队行李时,应由多个行李员分头负责运送或分时间单独运送。在《团队行李记录表》(如表6-11所示)的每个房号后面写明要送入该客房的行李数,以便今后可以核对。如果行李上面没有客人的姓名,应通知领队帮助确认行李的主人

（续表）

团队行李入店服务步骤		具体服务要求
4	行李送到楼层后	将行李放在门的一侧，敲门或按门铃三下，通报 "bell service" 或 "行李服务"。客人开门后向客人问好，把行李送入房间内，请客人确认。如果发现有缺失行李，应礼貌地让客人稍候并及时报告领班。询问客人有无其他需要，如客人还有其他问题询问要及时回答；如果没有其他需要，行李员迅速离开房间。如客人不在房间内，应将行李先放进房间行李架上
5	行李分送完毕后	行李员应通过员工通道迅速回到礼宾部，在《团队行李记录表》上记录该团队每间客房的行李数并填上自己的姓名和工号

表6-11　团队行李记录表

团队名称		人数		入店日期		离店日期	
时间		总件数	行李员	领队	行李押运员	车号	
入店							
出店							
入店件数				离店件数			备注
房号	行李箱	行李包	其他	行李箱	行李包	其他	
合计							

2. 团队行李离店服务

团队行李离店服务的步骤及要求如表6-12所示。

表6-12　团队行李离店服务的步骤及要求

团队行李离店服务步骤		具体服务要求
1	接到通知	行李员要根据拿到的《团队行李登记表》上所写明的收取行李时间到客房去取行李。按时间到楼层后，如果行李仍未放到房间门口，要通知该团行李负责人提醒客人把行李拿到房门口，以免漏取 注：房间内的行李如不要求行李员收取，不可以私自进屋收取
2	检查行李	每件行李上要系上 "行李牌"，行李员应登记好每个房间行李的件数，检查行李有无损坏，然后按照要求装上行李车

（续表）

团队行李离店服务步骤		具体服务要求
3	行李装车	乘货梯将行李运送到大厅指定地点,排列整齐,找陪同(或领队)核对行李件数是否相符,有无错乱,如无差错,请陪同在团队订单上签名,行李员同时签字。凌晨离店的团队行李通常在前一天晚上收集到大堂,用网罩或绳索拴在一起,由夜班行李员看管好
4	团队接待单位来运行李	认真核对要求运送的团名、人数等,核对无误后才能把行李交给来人,并请来人在团队订单上签名。行李较多时要安排多名行李员帮忙运送,避免车辆在门口堵塞道路
5	行李完成交接后	将《团队行李记录表》上交礼宾部并存档

话题三　行李寄存和领取服务

艾米的困惑

　　某天,一位客人到礼宾部要提取一个皮箱。他告知艾米早上他将自己的行李寄存在行李房现在要取走。可是他却没有寄存凭证,因为不小心遗失了,但可以提供他的有效证件,并描述了皮箱的特征。这下艾米为难了,该不该把皮箱交给这位客人呢?

　　酒店在努力为宾客提供优质服务的同时,还要保证客人的生命、财产安全。由于各种原因,有的客人希望将一些行李暂时存放在礼宾部。礼宾部为方便客人存放行李,保证行李安全,应开辟专门的行李房,建立相应的制度,并规定好必要的手续,如图6-9所示。

图6-9　客人的寄存行李

探索一　行李寄存服务

客人寄存的物品中有行李和贵重物品之分,因此寄存程序也有所差异。酒店提供的贵重物品保险箱目前大致分为两种:一种是在酒店前厅收款处,或附近的一间僻静的房间内配备贵重物品保险箱,由前厅收银员负责管理和对客服务。这里主要介绍普通行李的寄存服务。

1. 行李寄存服务要求

对寄存行李的要求如下:

① 行李房不寄存现金、珠宝、玉器、金银等贵重物品,以及护照身份证此类重要证件。上述情况应请客人自行保存。

② 行李房不应存放易燃、易爆、易腐蚀、易碎品以及国家明令禁止的违禁物品。

③ 不接受宠物的寄存,一般酒店不接受带宠物的客人入住。

④ 寄存时提醒客人上锁,并确认行李中无贵重物品。

2. 行李寄存的程序

行李寄存服务的具体步骤与要求如表6–13所示。

表6–13　行李寄存服务的步骤及要求

行李寄存服务的步骤		具体服务要求
1	问候客人	客人前来要热情礼貌地对待,在客人问候你之前先向客人表示问候。礼貌地询问客人所寄存物品的种类,向客人说明易燃、易爆、易碎、易腐蚀的物品或违禁物品不能寄存
2	确认客人身份	请客人出示房卡,或者通过计算机系统查询是否为住店客人,外来客人的行李,酒店原则上不接受寄存。酒店接受以下三类行李的寄存: ① 住店客人自己寄存,自己领取; ② 住店客人自己寄存,让其他人领取; ③ 非住店客人寄存,让住店客人领取 注:外来客人给非住店客人寄存的行李,一般不受理,除非主管以上人员同意,但此类寄存要收取一定的费用
3	填写《行李寄存单》	请客人填写一式两份的行李寄存单(如图6–10、6–11所示),或由客人口述,行李员代为填写,请客人过目后签字。行李寄存单的形式通常是由两份相同的表格组成,下面的一份交给客人,并告知客人下联为取行李的凭证,上面的一份附在所寄存的行李上,如由他人领取时则需要另出示有效证件。同时做好行李暂存记录,如表6–14所示
4	将行李放入行李房中	如短期存放的行李应置于方便搬运的地方,其他行李分格整齐摆放。同一客人的行李要集中摆放,用绳索系在一起,以免拿错。行李房要上锁,钥匙由行李领班或礼宾部主管亲自保管
5	在行李暂存记录本上登记	凡是进入行李房的行李应登记在行李暂存记录本上,记录存放日期、时间、房号、行李件数、行李存单号码和经手人等

行李寄存单（酒店联）

编号：

姓名（Name）
房间号码（Room No.）
寄存件数（Luggage）
寄放日期（Date）   时间（Time）
客人签名（Guest's signature）
行李员签名（Porter's signature）

- -

行李寄存单（顾客联）

编号：

姓名（Name）
房间号码（Room No.）
寄存件数（Luggage）
寄放日期（Date）   时间（Time）
客人签名（Guest's signature）
行李员签名（Porter's signature）

图6-10　行李寄存单（正面）

CONTRACT RELEASING LIABILITY

No courage being invaded for the receipt and storage of the property for which this check is issued, it is agreed by the holder in accepting this check that the hotel shall not be liable for loss or damage to said property caused by. Negligence or the hotel or its employees or by water / fire / theft / moths or and other case. If property represented by these check is not called for within six months. The hotel may, at its option, sell the same without notice, at public or private sale. Hotel is authorized to deliver property to any person presenting this check, without identification.

如已签发此存放行李条,绝不收取任何费用,但持有人应同意本酒店绝对不负任何不是因本酒店员工之疏忽而造成的损失或破坏之责任,例如水浸、火烧、盗贼、虫蛀或者其他意外等。如行李存入超过六个月,本酒店将会在不同之寄存人的情况下拍卖所有行李。本酒店有权将行李交给任何持有此收条的人士而不需要身份证明。

图6-11　行李寄存单（背面）

表6-14　行李暂存记录

日期	时间	房号	件数	存单号码	行李员	领回日期	时间	行李员	备注

图6-12　行李房

探索二　行李领取服务

行李领取服务的具体步骤及要求如表6-15所示。

表6-15　行李领取服务的步骤及要求

行李领取服务的步骤		具体服务要求
1	确认领取人身份	① 客人本人领取：客人前来领取行李时应热情问候，请客人出示身份证和《行李寄存单》的下联，核对上下联，以及客人的房号、行李件数、大小、颜色、存放的时间等。请客人当场在下联单上签名，检查两者签名是否相符，核实无误后将行李交给客人，最后在《行李暂存记录》上做好记录 ② 如果是客人寄存，他人领取的情况：需要寄存客人预先写下代领人姓名、单位或住址，代领人凭《行李寄存单》的下联及证件前来领取行李。行李员需在行李暂存记录本上做好记录和备注 ③ 如果客人遗失了《行李寄存单》下联：应要求客人报出自己的姓名、原房号、行李件数、寄存时间等。核对行李暂存记录本上的信息，如相符还需客人出示有效身份证件，如：身份证、护照、驾驶证等。确定是客人的行李后请客人填写一张领取行李的说明，签名并复印其有效证件 ④ 如果是来访客人留存物品让住店客人前来领取：采取留言的方式通知客人，请客人携带有效身份证件，前来领取
2	替客人查找行李	① 根据客人描述的行李特征、存放时间、存单号码在行李房（如图6-12所示）内查找。若客人遗失了《行李寄存单》，先在行李暂存记录本上查询存单号码再去行李房内查找 ② 在行李房内找到行李后，核对上下联号码是否一致、撕痕是否相符、行李件数是否相同，核对无误后将系在行李上的寄存单上联取下，将行李送往行李服务柜台
3	领取手续	① 将行李暂存记录本上的信息填写完整。将《行李寄存单》的上下联订在一起盖上"已取"图章，在背面写上经手人的姓名和工号 ② 其他人代领，要将代领人的有效证件复印件和《行李寄存单》上下联订在一起归档；遗失下联的，将客人收条、上联和有效身份证件复印件一起归档
4	将行李交还给客人	请客人当面点清行李件数，确认无误后礼貌地向客人道别，目送客人离开。如果客人行李较多时，应请行李员帮助客人提拿行李

话题四　委托代办服务

艾米的困惑

工作了一段时间后,艾米大致了解了礼宾部的运作流程。有一天一位客人打电话到礼宾部,正好是艾米接的电话,客人希望艾米为他预订一张飞往厦门的机票,艾米热情地询问了客人的姓名、联系方式、所在房间号以及客人希望的起飞时间。在查询了航班后,艾米发现买机票还需要本人身份证,到底为客人代办业务时还要注意些什么呢?

1. 转交物品服务

转交物品是指客人的亲朋好友、同事或其他有关人士要交给客人的物品,由于客人外出等原因而见不到客人,特地委托酒店代为转交客人的服务。具体步骤及要求如表6-16所示。

表6-16　转交物品服务的步骤及要求

转交物品服务的步骤		具体服务要求
1	访客转交客人物品	有来访者将物品委托酒店转交给客人时,首先要确认本酒店是否有此客人,若有此客人要先检查物品是否安全,最后要求来访者填写留言单、签名并通知客人来领取
2	客人转交访客物品	如果客人有物品要转交给来访者,请客人提供来访者的姓名,待来访者来领取时,要求其出示有效证件并签名即可

2. 代购车、船、机票

旅行社组织的团队客人一般是旅行社自行解决各种票务问题,而散客和一些会议客人则通常要求酒店为其代购车、船、机票。具体步骤及要求如表6-17所示。

表6-17　代购机票服务的步骤及要求

订票服务的步骤		具体服务要求
1	住客要求订票	应提前几天填写《订票委托书》并一式三份。委托书上要注明订票人的姓名、房号、人数,预订票的日期、班(车)次、目的地等。填写好后,将第一联交给客人作取票凭证,第二联交票务经办人作为到售票处订票的依据,第三联由礼宾部留存

（续表）

	订票服务的步骤	具体服务要求
2	确定委托书内容	要及时与民航、铁路、轮船公司或汽车站联系订票或订车，若客人所订时间的车、火车、机票已售完或只有船票、没有客人要求的班次而有另外的班次时，要及时征询客人的意见，客人同意改订时立刻向有关交通部门确认。如果订机票，还需留下客人的身份证或护照和签证信息
3	订票完毕	要通知客人凭证件（护照、身份证、出差证明或工作证）和钱，到委托代办处取票。根据票价预收订票款，同时向客人说明是否收手续费。取票时，请客人当面点清票数和结清票务款项
4	客人收票时	要将客人的证件审查清楚，看是否有到所去国家或地区的签证、证件是不是在有效期内等，均符合要求时再帮客人取票； 接收客人票款和手续费时一定要点清，交给客人票和余款时要请客人当面点清； 若有的客人要求将票送到房间时，要在客人在房内的时候当面交客人，按上述方法点清钱款
5	无票	如酒店未能为客人订到票应尽早通知客人并向客人道歉，尽可能为客人提供其他服务
6	退票	客人订了票由于种种原因又要退票时，应看清是否能退，并向客人解释由此产生的损失由客人自行承担

【案例展示】

一 张 机 票

一位客人匆匆赶到礼宾部，说道："你好，请帮我订一张后天去北京的机票。"接待员应声招呼，立即做了记录并储进电脑。客人交代完毕后正准备离开，不经意地说了句"我要东方航空公司的票。"接待员一口答应了。下午，客人回到酒店，接待员告诉他机票已经买好了。客人笑着接过机票，低头一看，发现订的是上海航空公司的机票。他不悦地摇头说道："有没有搞错啊，跟你说要东航机票，你还是给我上航的。"接待员这才意识到客人并不是说说而已，连忙道歉："对不起，东方航空公司的机票已订完。我还以为您是随便说说的，并不一定……"客人打断接待员的话："是我随便说说还是你随便订订啊？"这时，大堂副理闻声赶来。了解了情况后大堂副理不停地拨打电话，终于在接听了一个电话后喜笑颜开："还有东航余票是吗？好，谢谢，我马上来取，好，再见。"取票后，大堂副理急忙告诉客人："张先生，这次您订的机票，因为我们服务不够周到，忽视了您指定的东航班机，真是对不起。现在我们通过其他途径买到了东航机票，请您核收，最后再一次道歉。"客人非常满意酒店的服务，表示下次仍会继续入住。

案例分析：本案例中，接待员以为客人只是随口一说要东航的机票，也没有非常严肃地对待，虽然完成了预订机票的任务但是没有符合客人的要求。所以服务员必须谨慎且及时地提供服务。

3. 代购代邮物品、信件

代购代邮物品、信件的具体步骤及要求如表6–18所示。

表6-18 代购代邮物品、信件服务的步骤及要求

代购代邮物品、信件的步骤		具体服务要求
1	代购物品	这是项重要又细致的工作,代购物品前一定要问清楚物品的名称、型号、款式、规格、颜色、价钱或是出售的编号等,如条件允许最好向客人索要物品图片核对,在确认无差错的前提下可为客人代买,按照酒店章程收取一定的手续费或免收。若这些物品需转交或邮寄,要按客人的委托办理,请客人签收后寄回收条
2	代取物件	住客在本地购买了或邮寄来某物品,因某些原因不能自取而委托代取时,服务员代取前要问清取物件的地址、单位名称并要携带客人的有关证件,前去代客人领取。交给客人时,应将证件与物品一起交还,并请客人签收,代取物品要注意安全
3	代邮送物品	若接受住客委托,代客转送或邮寄物品时,要问清楚收件的单位或个人的地址、收件人姓名、电话号码等。运费、邮费及其他服务费须向客人收取。送到后要有签收、邮寄到后的回条,对危险品,服务员要拒绝运送和邮寄

4. 预订出租车

客人外出有时需要预订出租车,行李员应该提前替客人预订出租车。根据客人需要还可以提前预订包车。

当被叫的出租车到达酒店门口时,行李员应向司机讲清客人的姓名、目的地等。为避免客人迷失方向,也可填写一张向导卡给客人,卡上用中文写上客人要去的目的地。卡上要印有本酒店的名称、标志和地址,如图6-13、图6-14所示。

小提示

客人要赶飞机时要提前了解路况信息,如交通拥堵则要提醒客人提早出发。

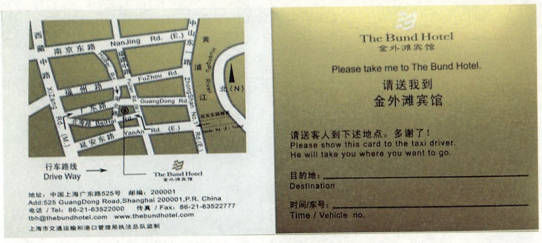

图6-13 向导卡正面

Please take me to The following prices are just for your reference

Within walking distance

- ☐ The Bund by HuangPu River
- ☐ Shanghai Museum on People's Square
- ☐ Grand Theatre on People's Square
- ☐ People's Square
- ☐ Shanghai Urban Planning Exhibition Center on People's Square

By Taxi

- ☐ HongQiao Airport: T1-15.1km taxi fare RMB55 daytime / RMB71 night
  T2-19km taxi fare RMB71 daytime / RMB91 night
- ☐ Pudong Airport: 46.5km taxi fare RMB180 daytime / RMB234 night
- ☐ Shanghai South Railway Station: 14.2km taxi fare RMB52 daytime / RMB66 night
- ☐ Shanghai Railway Station: 5.5km taxi fare RMB24 daytime / RMB29 night
- ☐ Maglev: 11.1km taxi fare RMB39 daytime / RMB50 night
- ☐ Old City and Yu Garden: 1.3km taxi fare RMB16 daytime / RMB20 night
- ☐ Xin Tian Di: 2.6km taxi fare RMB16 daytime / RMB20 night
- ☐ The Oriental Pearl TV Tower: 4.7km taxi fare RMB21 daytime / RMB27 night
- ☐ Fabric Market: 3.9km taxi fare RMB19 daytime / RMB24 night
- ☐ Tai Kang Lu Art Gallery: 4.9km taxi fare RMB21 daytime / RMB27 night
- ☐ Shanghai New International Expo Centre: 11.7km taxi fare RMB41 daytime / RMB53 night
- ☐ Dong Tai Lu Antique Market: 2.1km taxi fare RMB16 daytime / RMB20 night

Notice

1.Taxi fare night charging duration is from 23:00 to 05:00.
2.Please request the receipt before checking out.
3.Please check if the license number and driver ID card match with the number on receipt.
4.Do not forget any personal belongings when you get off the taxi.
5.Please call 110 or 12319 for any emergency case when you encountered at the taxi.

请送我到 以下均为参考价格

步行可至

- ☐ 外滩
- ☐ 上海博物馆
- ☐ 上海大剧院
- ☐ 人民广场
- ☐ 上海城市规划展示馆

出租车

- ☐ 虹桥机场：一号楼约15.1公里 车费约55元 / 夜间71元
  二号楼约19公里 车费约71元 / 夜间91元
- ☐ 浦东机场：约46.5公里 车费约180元 / 夜间234元
- ☐ 上海南站：约14.2公里 车费约52元 / 夜间66元
- ☐ 上海站：约5.5公里 车费约24元 / 夜间29元
- ☐ 磁悬浮列车：约11.1公里 车费约39元 / 夜间50元
- ☐ 老城厢和豫园，约1.3公里 车费约16元 / 夜间20元
- ☐ 新天地：约2.6公里 车费约16元 / 夜间20元
- ☐ 东方明珠：约4.7公里 车费约21元 / 夜间27元
- ☐ 陆家浜路轻纺市场：约3.9公里 车费约19元 / 夜间24元
- ☐ 泰康路艺术街，约4.9公里 车费约21元 / 夜间27元
- ☐ 上海新国际博览中心：约11.7公里 车费约41元 / 夜间53元
- ☐ 东台路古玩市场：约2.1公里 车费约16元 / 夜间20元

注意事项：

1、出租车夜间费用时段：23:00 至次日早上5:00
2、结账前请索要车费发票
3、请核对乘坐车辆的车号，服务证号是否与发票上一致
4、下车请勿忘随身携带物品和行李箱内的行李
5、遇紧急情况请拨打110或12319城建热线

图6–14 向导卡反面

课后小舞台

1. 四位客人乘坐出租车到达酒店，你作为行李员，请以标准程序为游客开门并提运行李，引导客人到前台进行入住登记。注意开门的先后秩序、手势和语言的标准。

2. 你作为行李员为已办理完入住登记的客人提行李，进入电梯，为客人进行电梯服务；出电梯后，引导客人进房，帮助客人将行李放至房内行李架，客人是老顾客不需要房内介绍。请注意服务规范和逗留时间。

3. 团队客人离店需要行李服务，你作为行李员推着行李车去收行李，可是核对下来和上报的行李件数不符，你该怎么办？

模块七
问讯服务

学习目标

- 能为客人提供所需要的信息并回答客人问题。
- 能准确受理客人留言服务并及时传递。
- 能为客人提供收发邮件服务。
- 能管理好酒店的客房钥匙。

话题一　问讯服务

艾米的困惑

　　艾米到问讯处轮岗实习,正好有两个外国游客请求她帮助,向她询问附近有什么著名景点?有什么特色餐厅?花费又是多少?这一连串的问题问得艾米哑口无言。作为酒店问讯处的问讯员需要回答哪些问题呢?还必须要了解哪些信息呢?

　　一般大中型酒店都设置有专门的问讯员,通常是两班制,但是有些小型酒店不设专职问讯员,而由前台或总台员工兼任。

1. 问讯服务的类别及内容

　　问讯服务主要是为客人提供所需要的信息和为客人解决问题的服务,如图7-1所示。问询服务的类别及内容如表7-1所示。

图7-1　问讯处

表7-1　问讯服务的类别及内容

问讯服务的类别	问讯服务的内容
酒店内部信息的问讯	① 各类餐厅所在的位置、营业时间和服务特色 ② 酒店各项宴会、会议及其他活动的举办场所和举办时间 ③ 酒店提供的娱乐服务场所的位置、营业时间和收费标准,如:健身房、游泳池等 ④ 酒店提供的其他生活类服务,如:洗衣、熨衣等服务的收费标准

（续表）

问讯服务的类别	问讯服务的内容
酒店外部信息的问讯	① 国内外航空线的最新时刻表和票价，以及航空公司的名字、缩写代号及其停靠的航站楼 ② 最新铁路到站、出发时刻表、里程表和票价 ③ 最新轮船到站、出发时刻表、里程表和票价 ④ 市内出租车的起步费、每公里收费标准，并且提醒客人出租车的夜间收费标准 ⑤ 酒店所在地到本市其他著名景点的交通出行路线 ⑥ 不同时间段本市交通基本状况 ⑦ 本地影院、剧院、歌舞厅的地址和正在上映的节目和收费情况 ⑧ 本地展览馆、博物馆的地址以及正在展出的展览项目和收费情况 ⑨ 酒店周围的银行名称、地址和营业时间 ⑩ 酒店周围的主要医院的名称、地址和电话号码 ⑪ 酒店所在区域的政府部门的地址和电话号码 ⑫ 酒店周围大专院校、科研机构以及主要工商企业的地址和电话号码 ⑬ 酒店周围的教堂、庙宇的地址和开放时间 ⑭ 酒店附近的特色餐馆、商业区、购物中心的地址和营业时间 ⑮ 酒店周围其他酒店的地址和电话号码 ⑯ 酒店所在地的各使馆、领事馆的地址和电话号码 ⑰ 酒店所在地的著名旅游景点的特色、地址、开放时间和收费情况 ⑱ 国内各大城市的电话区号及邮政编码 ⑲ 备有世界地图、中国地图、本省和本市甚至本区的地图 ⑳ 本地风景名胜的介绍宣传册

2. 问讯服务要求

酒店问讯服务的具体要求如表7-2所示。

表7-2　问讯服务的要求

信息类型	服务要求
酒店内部信息	对于此类问题的回答，问讯员应熟记在脑中，要及时肯定地给出准确的答案。不能用"大概"、"我想是吧"等此类意义模糊的回答。并且问讯员在回答客人问题时要积极向客人销售酒店的产品，宣传酒店特色并维护酒店的形象
酒店外部信息	回答问题时要热情有礼，客人提问时要注意聆听，不可无故打断客人，做到百问不厌。客人说完后，给予客人简明扼要的回答，如果有遇到不能马上回答的问题要向客人致歉，请客人稍等并马上查询相关资料或询问有关部门后，得到确定答案方可回答客人

话题二 查询服务

艾米的困惑

一天，两位外国游客来到酒店问讯处，说要找一位住客沃特森先生，并要艾米告诉他们这位先生的房号，准备前去客房拜访。艾米查询了电脑发现确实有这样一位客人入住，于是她打电话至客人房间，可是正巧客人不在。于是她告知两位游客沃特森先生不在房内，也无法告诉他们房间号，但是两位游客坚称是沃特森先生的朋友并要马上见到他，双方就在问讯处僵持不下。艾米也动摇了，到底应不应该告诉他们沃特森先生的房号呢?

由于酒店提供的是全方位的生活服务，这其中就会涉及客人个人的隐私问题，如：通过洗衣房的资料显示可以得知客人喜欢穿什么品牌的衣服，客房服务员可了解到客人用什么牌子的日用品，有哪些嗜好等。酒店对客人细致的观察，可以帮助酒店向客人提供更个性化的服务。但是如果处理不当也会造成对客人个人隐私的侵犯。可能会影响客人在酒店内的活动，也会增加客人对酒店的不满情绪。在酒店，当前台将钥匙交给客人的那一刻起，客房就是属于客人的私人空间，不论任何人进入客人房间，都必须经过客人的同意。这里的查询服务主要指的是非住店客人来查询住店客人的相关信息，因此问讯员要注意为保护客人的隐私而采取相应的回答。

1. 客人是否入住在本店

先要问清客人的姓名。中文名字要问清楚每一个字的发音，有些字发音相近，有些名字中含有生僻字，这些都要请客人重复几遍或告知这些字如何书写等确保无误。英文名字的查询要更加仔细，发音相似的字母，以及华侨、外籍华人使用英语名字、汉语拼音姓氏的情况应向客人确认。

客人是否入住本店？问讯员可以如实回答但是客人要求保密的除外。可通过查阅计算机的客人入住登记信息，确定客人是否已入住，并回答："是，该客人已入住本店。"

如没有查到客人的姓名则应核实该客人是否即将到店，是预订客人则要查询客人预订到达时间是几点，可回答："该客人暂未入住本店。"可将客人预计抵店日期告知来访者，请访客改日再来查询。

如查不到客人信息可查询当天已离店的客人名单，核实该客人是否已退房离店，并回答："该客人已离店。"对于此类客人，如客人无特殊交代，不可将其去向告诉第三者，但是执法人员除外。

2. 客人在酒店的信息

（1）客人的房号

问讯员不可轻易将客人的房号告诉第三者，这是为了确保客人人身安全和财产安全，只有取得客人的许可或者客人事先交代过，才可以告诉来访者。

（2）客人是否在房间

问讯员应先确认客人是否在房内，然后应问清访客的姓名，征求客人意见，看客人是否愿意接待来访者，如客人不愿意则回答来访者："客人暂时不在房内"，征询访客意见，是否需要留言。如访客是以电话形式查询，则可以请访客留下电话录音或稍后再打来。

（3）客人要求保密的处理

有些客人入住时，出于各种原因，会要求酒店对其房号进行保密。问讯员在接到此要求后，都应按下列要求去做：

① 接到要求保密房号时，要问清楚客人的保密程度，例如，是绝对保密还是只接待某位来访的客人等。

② 在值班本上做好记录，记下客人的姓名、房号及保密时限以及有无特殊要求。

③ 通知总机室和前台等其他合作部门应及时做好该客人的保密工作，如有人查询此客人的信息，则应回答："此客人未入店。"

④ 当有人来访询问保密客人信息时，问讯员及总机均应以"该客人没有入住"或"暂时未入住"为由婉转地拒绝来访者。

⑤ 要在计算机上设置保密标记，方便其他服务员查询时能及做好保密工作。

⑥ 如果客人要求更改保密程度或取消保密时，应在电脑和值班记录本上做好记录，取消或更改计算机上的标记，并通知总机、前台和其他合作部门。

【案例展示】

要求绝对保密的客人

朱先生入住酒店 2011 号房，在登记时就要求设置为绝对保密。第二天，一位自称是该客人的妻子刘女士到酒店问讯处查询该客人的情况。问讯员看到电脑显示的保密标志后便告知刘女士该客人并未入住。刘女士说她丈夫肯定在这儿，并且有重要事要找她丈夫商量，要求问讯员再查阅资料。问讯员说可能电脑记录不全，他去后台查询一下住店客人资料。问讯员到后台致电朱先生房间并将情况告知，询问他是否需要接见刘女士，客人表明要回避。于是问讯员来到前台告诉刘女士在住店客人资料上也没有，反复查阅几次后都是一样的回答，刘女士没有办法只能离开。

案例分析：该问讯员的做法非常正确，无论来访者有何理由除非是执法人员，不然都要确保客人的隐私，不能泄露客人的行踪。如来访者非常紧急则应找适当理由离开，致电客人问清情况，根据客人的意愿回复来访者。在回答来访者时态度要肯定，不要心虚被来访者识破。

 知识拓展

雅高酒店集团7项隐私原则

以下为雅高酒店集团7项隐私原则内容，该原则在全球雅高集团中执行。

1. 透明度

在收集和处理您的个人信息时，我们将向您提供相关信息并说明目的和信息接收人。

2. 合法性

我们将在此酒店客人隐私政策中对收集和处理您的个人信息的目的做出说明。

3. 关联性与准确性

只有在符合此酒店客人隐私政策中的数据处理规定时，我们才会收集您的个人信息。我们将采用各种合理的方式来确保存储的个人信息的准确性并保持最新。

4. 存储

我们仅会在符合此酒店客人隐私政策中的数据处理相关规定并不触犯当地法律的前提下，将您的个人信息保存一段时间。

5. 访问、修改和反对

我们将为您提供对个人信息的访问、修改、更正或删除服务。您也有机会反对将您的个人信息用于市场营销用途。

6. 保密性与安全性

我们将采取合理的技术和管理方法来避免您的个人信息被意外或非法修改或丢失、或被未经授权使用、泄露或访问。

7. 共享与国际转发

我们可能会出于此酒店客人隐私政策中提及的目的在雅高集团内部或与第三方（例如商业伙伴和服务供应商）共享您的个人信息。我们将采取适当的安全措施来保证此类共享和转发的安全。

话题三　留言服务

艾米的困惑

一位江先生要拜访入住本店的贸易伙伴吴经理，但不巧的是吴经理不在酒店，江先生等了近1个小时也没有等到吴经理，无奈之下只好请艾米帮他留言给客户吴经理，希望吴经理看到留言后及时找他谈谈合作事项，因为他明天就要飞往外地谈生意，很希望今天能与吴经理见一面。艾米将留言交给总机和行李员后觉得松了一口气，就将留言的事给忘了。第二天吴经理匆匆来到问讯处询问是否有一位江先生找过他，他直到今天早上起来才注意到行李员从门下送到客房的留言，可是已经来不及了，吴经理责怪艾米怎么不早点通知他。艾米感到很委屈，她已经将留言交给总机了，并且行李员也将留言送到吴经理房间了，为什么吴经理还要责怪她呢？

留言服务是问讯处的主要工作。来访者未见到客人，或者住店客人外出前未见到约定的来访者时，都可以通过问讯处的留言服务，及时帮助他们传递信息，尽量不耽误客人的原定计划。

探索一　访客留言服务

当被探访的住店客人不在酒店内时，问讯员应主动建议来访者留言。如来访者愿意，则请访客填写留言单，或来访者口述留言，问讯员做记录，客人签字认可。访客留言单（如图7-2所示）一式三联，将填写好后的留言单第一联放在钥匙架上；第二联送至电话总机，由接线员开启客户电话机上的留言指示灯；第三联交给行李员从客房门下送入房间内。

还要注意的是留言具有一定时效性，作为问讯员要每隔一小时打电话到客人房内通知客人，这样就可以保证客人能及时迅速地得知留言内容，以防错过重要的事件。为了确保客人的利益，酒店对于无法确认是否还在本店的客人以及已经确认退房离店的客人，不接受访客留言服务。如问讯员正值交接班，要将留言记录在值班记录本上，以便下一班问讯员能继续为客人服务。

女士或先生：_____	房号：_____
当您外出时：_____	拜访时间：_____
来访客人：_____	来访客人电话：_____
□有电话找您	□将再来电话
□请回电话	□来访时您不在
□将再来看您	
留言：_____	
_____	
_____	
经手人：_____	日期：_____
客人签名：_____	

图7-2　访客留言单

探索二　住客留言服务

住客离开房间或酒店前没有碰到预约的来访者，以防他们离房或者离店时预约者正好来访而错过，希望来访者知道他们去向时，可以选择留言服务。

住客可至问讯处填写留言单，如图7-3所示，此单存放在问讯夹上，如客人正巧来访，问讯员可将留言交给来访者，如图7-4所示。

女士或先生：_____   房号：_____

当您外出时：_____   拜访时间：_____

在：_____ 上午/下午至_____ 上午/下午

我将在：_____

留言：_____

_____

_____

经手人：_____   日期：_____

客人签名：_____

图7-3 住客留言单

图7-4 留言登记

住客留言服务还需注意以下事项：

① 交接班时一定要注意将留言信息记录在值班交接本上。

② 住客留言单上的时间期限过了而没有访客来取，并且客人也没有其他新的留言，问讯处才能将此留言单作废。

③ 接到客人电话留言时要准确记录留言内容，记录完后一定要将内容重复给客人听，确认无误之后才能填写留言单。

【案例展示】

未接受客人朋友转交的物品

一天有一位香港客人来到总台问讯处，怒气冲冲地责问接待员："我已经告诉过你们有人会转交我一些东西，你们也答应替我接收了，为什么现在又拒绝转交我朋友给我的东西？"当班的是实习生小赵，她连忙查阅值班记录，没有发现上一班留有关于此事的记录，她转念一想，便对客人说："对不起，先生，请您先把这件事的经过告诉我好吗？"

原来客人几天前住过这家酒店，前两天去外地办事情，离店前预订了今天的房间，并告诉总台服务员，在他离店期间可能有朋友会将他的东西送来，希望酒店代为保管，服务员满口答应了。但这位服务员却未在值班簿上做记录。第二天当客人的朋友送来东西时，另一位当班服务员见没有上一班的留言交代，便拒绝接收，要求他自己亲手去交。当客人知道此事后，十分恼火，认为酒店言而无信，是存心跟他过不去。于是便有了一开始责问接待员小赵的场面。

小赵听了香港客人的陈述,对这件事的来龙去脉很快就有了一个基本判断,马上对客人说:"很抱歉,先生,这件事的责任在我们酒店。当时,值台服务员已经答应了您的要求,但他没有在值班簿上记录留言,造成了与下一班工作的脱节。另外,下一班服务员虽然未得到上一班服务员的交代,但也应该根据实际情况,收下您朋友带来的东西,这是我们工作中的第二次过失。实在对不起,请原谅。不知眼下是否还需要我们转交,我们一定满足您的要求。""不必了,我已经收到朋友送来的礼物了。"客人见小赵认错态度这么好,心情舒畅多了,随之也就打消了向酒店领导投诉的念头。

案例分析:这件事,实习生小赵处理得很好,值得肯定。她认错态度积极,并且询问客人现在是否还需要酒店帮忙,很好地平息了客人的怒气,但由此暴露出酒店问讯处工作脱节造成不良后果的教训更值得吸取。酒店问讯处工作要避免此类事件的发生,员工应树立整体意识,各个岗位之间,上一班与下一班之间要做好协调工作,认真做好值班记录,相互衔接,才能保证酒店工作的正常运转。

 知识拓展

酒店给客人的留言

酒店因为某些自身的原因会给住店客人带来不便,这时为了表现出酒店极大的歉意和想要为客人服务的意愿,酒店可以给客人准备一张留言单,上面在向客人道歉的同时也可向客人推销酒店的其他服务,一举两得。样张如下:

尊敬的女士/先生:

你好!感谢您入住×××酒店,我们很抱歉地通知您,酒店18层的游泳池正在维修,由此给您带来的不便,请谅解!

再次祝您入住愉快!

总经理:×××

2013年1月25日

话题四　邮件服务

艾米的困惑

某日下午在问讯处,艾米收到一摞邮件,她分别查询了对应房间的客人并通知了他们,但是最后有一封信件查不到是哪位客人的。艾米先查询了入住登记信息,发现找不到该位客人,于是又查询了预订入住登记名单结果还是找不到。她想是不是送错地方了,于是请示了领班,领班让她再去查查离店客人名单里是否有,结果发现客人在上午就已经离店了,也没有留下任何关于邮件的留言,那这封信件该怎么办呢?

问讯处通常向客人提供分拣、派送收到的邮件及代售邮票和代寄邮件等服务。通常按以下步骤操作:

接收邮件 → 点清数量 → 确认签字 → 分类登记 → 分发邮件 → 确认签字

探索一 进店邮件服务

进店邮件处理的基本要求是细心、快捷、准确。特别要留意商务信件,这可能关系到客人的生意所以更需要及时正确的处理。具体处理步骤如表7-3所示。

表7-3 进店邮件处理的程序

邮件类型	邮件的处理程序
寄给住店客人的邮件	对于寄给住店客人的邮件,先在信件记录本上做好记录,之后立即在电脑上核对是否与住店客人姓名和房号吻合;查找到客人信息后,给客人发一张"邮件通知单",通知客人携带有效身份证件来问讯处领取邮件。如客人要求送至房内则请行李员送至客人房内 客人来取邮件时要查看有关证件,并请客人在邮件通知单上签字,表示客人已收到邮件,留下通知单作为记录凭证
寄给酒店的邮件	寄给酒店的邮件则请礼宾部将信件送至有关部门
挂号信、包裹单、汇款单、EMS邮件	应立即电话通知客人来取,或者请行李员直接送到客人房间请客人签收,要在信件记录本上签名表示已收到邮件。如客人不在房内,则发"邮件通知单",并在信件记录本上做好记录;也可通过电话总机,在客人房内电话机上亮起红灯,表明有留言,请客人一回来,即来取邮件
已离店的客人邮件	在邮件上注明客人离店日期。如果客人离店时有留下地址委托酒店转寄,酒店按要求给予办理;如客人未作任何交代,又属普通信件,酒店应在邮件上注明保留一周时间,过期退回至寄件人的地址。客人的急件、传真等通常应及时退回

（续表）

邮件类型	邮件的处理程序
已预订房间但尚未抵店的客人的邮件	要在邮件上注明抵店日期，然后将邮件放在指定的格子内，在客人信息上注明该客人有邮件。在客人抵店前，将邮件取出，在客人办理入住登记时转交
无法查找到的客人邮件	若是急件，则在信件上盖上"查无此人"印章，立即退回；若是普通信件，可保留不超过一个星期；若还是无人领取，则退回给寄信人，做好邮件退回记录

注意：帮客人代寄或转交物品和邮件时，原则上不包括贵重物品和现金

【案例展示】

忘记转交信件

早上8：30分，客人钱小姐将一个密封的信封交给问讯处小王，再三嘱咐要将信件交给3021号房的周小姐。问讯员小王查询后发现周小姐现在不在房内但她将于今天上午退房，于是将信件放在柜台上，准备等周小姐结账时将信件转交给她。但是到了中午，小王发现信件还在柜台内，就立即查询电脑记录发现周小姐早在一个小时以前办理了离店手续，小王很着急想找到周小姐，所以自作主张拆开了信件查询是否有其他地址，但是没有任何线索。当天下午，钱小姐得知周小姐并没有收到信件后冲到问讯处质问并要求收回信件，收回时看到信件已被拆封更是怒火中烧，立即向酒店投诉，希望酒店能给她一个合理的解释。

案例分析：这件事中，问讯员小王犯了两个重大错误：

① 忘记转交信件。一名问讯员的职责就是要顺利完成已答应客人的要求，但是他没有做到，这是他的失职。

② 私自拆封客人信件。客人希望自己的隐私得到保护，作为保护者的酒店员工反而私自拆封了客人信件，属侵犯客人隐私的行为，后果非常严重。

正确的弥补方式：将此事上报主管，在客人入住资料中找寻客人线索；或者问礼宾部是否有客人的用车记录来查找客人行踪。当努力寻找后仍然找不到客人后，只有等待客人回来取或打电话询问时，向客人诚恳道歉并希望得到客人原谅。

探索二 出店邮件服务

出店邮件也称代办邮件服务，代办邮件服务是指酒店为客人代发平信、挂号信、特快专递，代售邮票、明信片等。具体处理步骤与要求如表7-4所示。

表7-4 出店邮件处理的步骤与要求

出店邮件处理步骤		具体要求
1	接收客人准备寄出的邮件	问讯员要仔细检查邮件的种类，对于酒店难以办理的邮件应礼貌退给客人并请客人自己办理。如果是挂号信、包裹，问讯员可请礼宾部代为办理

（续表）

出店邮件处理步骤		具体要求
2	检查邮件	检查邮件是否超重、有没有贴邮票、字迹是否清楚、邮编等信息是否填写完整，如客人有遗漏则请客人当面补好 检查是否是违禁物品，向客人解释酒店不得帮助客人寄送违禁物品
3	询问客人需要的寄件方式	需在邮件上注明
4	将所有邮件进行分类	在指定时间送往邮局或者每日邮递员来收取信件时交给邮递员，并在工作记录本上做好记录
5	邮局收据	将开出的收据交给客人，请客人签收
6	清点	每天工作结束后清点邮件数量和所收款项数目是否正确

 知识拓展

国内邮件和国际邮件

1. 国内邮件

国内邮件按处理时限分为普通邮件和特快专递邮件。

① 普通邮件是按一般时限规定传递处理的邮件。

② 特快专递邮件是通过专门组织的收寄、处理、运输和以最快速度投递的邮件。

普通邮件按性质分为函件和包裹两类。

① 函件分为信函、明信片、邮件、印刷品、邮送广告和盲人读物等。函件按寄递区分为本埠函件和外埠函件。

② 包裹分为普通包裹、脆弱包裹、直递包裹和快递包裹。

邮件按处理手续分为平常邮件和给据邮件。

① 平常邮件：收寄时不给出收据，处理时不登记，投递时不需收件人签收，不接受查询，也不承担赔偿责任。

② 给据邮件：收寄时给出收据，处理时进行登记，投递时需收件人签收，并接受寄件人查询及承担赔偿责任。给据邮件包括挂号函件、包裹和特快专递邮件。

邮件按照邮局所负的赔偿责任，分为保价邮件和非保价邮件。

① 保价邮件，邮局承担按照保价额赔偿的责任；非保价邮件，邮局按国家邮政局规定的限额承担赔偿责任。

② 挂号函件可以作保价邮件收寄。包裹必须作保价邮件收寄。

邮件按运输方式分为水陆路邮件和航空邮件。

① 水陆路邮件是利用火车、汽车、轮船等交通工具运输的邮件。

② 航空邮件是全程或一段利用飞机运输的邮件。

2. 国际邮件

国际邮件按内件性质分为函件、包裹和特快专递邮件三类,其中函件包括信函、明信片、航空邮件、印刷品、盲人读物、印刷品专袋和小包。按运输方式分为航空邮件、水陆路邮件和空运水陆路邮件。按处理手续分为平常邮件和给据邮件。按邮局承担的责任分为保价邮件和非保价邮件。挂号函件、保价函件和包裹可以附寄回执(寄往某些国家的普通包裹除外)。按传递时限可分为普通邮件、全球优先函件、特快专递邮件。

话题五 钥匙服务

艾米的困惑

艾米在问讯处时,经常有客人来问她能不能多给他们一把酒店房间的钥匙,为了两个人行动方便。艾米也有这样的困惑,客人入住酒店的时候,酒店通常只给客人一把钥匙,但是两人同时入住一间房的话就会非常不便,为什么酒店明明有多把钥匙或房卡,却只给客人一把呢?既然知道入住的客人会非常不便,到底酒店该不该给客人每人一把钥匙呢?

为确保客人人身及财物安全,保障酒店正常的经营管理秩序,对钥匙的管理非常重要。只给客人一把钥匙既方便酒店管理,减少钥匙的遗失,又能更好地确保客人的人身财产安全。

1. 钥匙类别

酒店门锁设备一般配置有两个不同的系统,一是电脑门锁系统,二是机械门锁系统。电脑门匙,适用于所有客房的门锁;而机械门匙,适用于除客房楼层之外其他门锁。现在大部分高星级酒店已全部使用电脑门锁系统,对客服务中我们主要介绍客人房间门卡的服务,如图7-5所示。

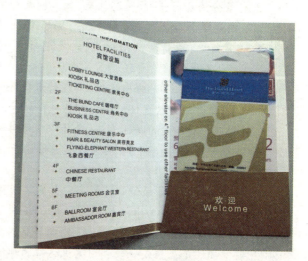

图7-5 房卡

2. 钥匙控制

客房门匙（房卡）一般配备三套，一套在客人入住的时候交给客人保管，另外两套应急门匙：一套由总经理保管；另一套存放在前厅收银处的保险箱内，不到紧急情况时不可随便使用应急门匙开客人的房门。在紧急事件中，也只能限于酒店指定人员和保安员同时执行任务，并需在记录簿上明确地做好备注，包括：① 用应急房卡的日期、时间和目的；② 同时使用房卡的员工姓名和证件号以及本人签名；③ 应急房卡用完放回原处的时间和签名。

3. 员工备用房卡的管理

员工备用房卡管理的具体操作流程如表7-5所示。

表7-5　员工备用房卡管理的流程

员工备用房卡情况	具体流程
丢失	如酒店员工丢失任何房卡时，应立即向大堂副理及主管值班经理报告，并将失匙的情况对总经理做书面报告。按其情节的严重性以及此事件对酒店的影响程度采取相应的补救和应急措施： ① 如房卡是在不可辨别的环境里丢失，根本没机会被他人捡获，由总经理签署报告后，由前厅部补做房卡； ② 如在酒店范围内房卡丢失，经寻找后无果，应立即与保安主管评估丢失房卡的影响程度，提醒当天所有在职员工注意此情况；如有拾到务必上交，并注意有无其他客人拾到交还酒店，必要时将遗失房卡的房间密码更换，但事前需得到酒店总经理的同意
人事变迁	无论总经理、部门主管和其他持有备用房卡的员工调动或离职前，必须收回房卡
酒店员工借用备用房卡	酒店员工来借用房卡时，首先要确认其是否有权利使用备用房卡，一般情况下酒店礼宾部、管理人员等可以因工作需求借用客房的备用钥匙，但必须要做好房卡使用登记，如表7-6所示

表7-6　备用房卡使用记录表

借用部门	姓名	事由	房间号	出借时间	归还时间	签字

4. 客人房卡的管理

酒店客人的房卡是最容易丢失的，因此在分发房卡时应注意以下几点：

① 将房卡交给客人前，前台必须先核对客人的有效证件，确认客人身份，预先收取客人押金或取得信用卡授权。

② 原则上每间房只发放一张房卡，如双人房客人要求两张房卡，则应请客人出示有效身份证件并留下押金以防客人在退房时忘记归还另一张房卡，在客人退房时，应提醒客人交还房卡。

③ 未经登记客人许可，不得以任何理由私自开启客人房门，更不得为任何来访者开启客人房间或将房卡交给来访者（执法人员除外）。

④ 客人在结账离店时将房卡遗留在客房里，或者发现客人将房卡遗留在酒店其他地方，酒店员工应立刻将其送回前台处理。

⑤ 住店客人委托他人领取客房门卡时，请住店客人事先填写客房门卡准用单，并罗列出准用客人的姓名和取用时间。问讯员在交付房卡时需要确认对方的有效身份证明，将委托人的证件复印并请委托人签名。

【案例展示】

钥匙去哪儿了

一天中午，酒店1022房客人张先生匆匆来到问讯处，将房间钥匙交给服务员小王，并告诉她，大概半小时后回来，结账后直接去机场。当时，小王正准备用午餐，考虑到张先生要半小时后才能回来结账，就顺手将客人交来的钥匙放到了柜台里面，也没有向其他同事交代就去吃饭了。谁知十分钟后，张先生就回来了，询问另一名当班的问讯员他的账单是否准备好，当班问讯员称没有看到张先生的钥匙，张先生听后非常生气，于是投诉酒店。

案例分析：首先接待员对客人的理解有误，客人称半小时后回来，其实是客人希望收银员马上准备好账单，而接待员认为客人是回来之后当面结账所以也没有事先准备账单。其次是沟通方式的问题，本案中小王认为客人说半小时后才回来，但没有考虑到万一客人提早回来了怎么办，所以无论遇到什么情况，服务人员都要先将自己手中的事做完，而不要根据客人口头所说来安排自己工作。最后离岗时，一定要将工作移交同事，或者将工作记录在值班记录本上，避免出现衔接不当的问题。

课后小舞台

1. 一位刚入住的客人陈小姐希望了解一下酒店附近的旅游景点，请你向她推荐一些景点并告诉她如何到达那里。

2. 一位非住店客人来到问讯处向你询问这附近有什么西餐厅，而酒店里就有设施、服务一流的西餐厅，请你向客人介绍附近的西餐厅，并争取向客人销售本店的西餐。

3. 孙先生告诉问讯员他下午要出席一个重要的商务会议，但是在本地的亲戚也约了这个时间来看望他，他请你给他的亲戚留言，希望他们在酒店稍候，会议结束他会立刻赶回来。

4. 刚上班没多久的问讯员小樊收到一封无法确定收件人的邮件，请你帮助他正确地处理这封邮件。

5. 一位没有带房卡的客人要求你为他打开他的房间门，他说他住在2053号房，可是在电脑记录上显示2053号房内无人入住。作为问讯员你会怎么做？

6. 住店的方先生，要委托他的朋友季先生替他领取他房间的房卡，你作为问讯员该如何处理？

模块八
商务中心服务

学习目标

● 掌握商务中心的工作内容以及工作要求。

● 能为客人提供商务方面的服务。

● 能正确为客人预订机票。

话题一　为客服务

艾米的困惑

　　酒店最近接待了大型商务团队,所有人都忙得团团转,由于商务中心人手不足所以艾米被调去帮忙。看着商务中心的打印机、投影仪、扫描仪这些设备,艾米心里就没底了,到底怎么操作这些设备? 此外还不时有客人希望她帮助收发重要快递、扫描文件等。到底商务中心为游客提供哪些服务呢?

　　商务中心(如图8-1所示)是酒店为客人进行商务活动提供文秘性服务的部门。为方便客人,酒店一般在大堂附近设置商务中心专为客人提供服务。商务中心工作项目较多,而客人对其工作质量的评价主要是以服务人员的经验和效率为出发点,所以,一名合格的商务中心服务人员必须具备良好的个人素质,并能提前提供优质服务。

探索一　商务中心介绍

1. 商务中心员工素质要求

　　商务中心(如图8-2所示)通常提供两个班次的工作时间,大部分酒店的商务中心服务截止到夜间11点,次日早上7点再营业。如客人夜间11点之后到早上7点之前需要如:传真、复印、收发邮件和打字等服务时,可由前厅的有关人员处理。商务中心服务人员的素质要求如下:

　　① 熟悉本部门的工作业务和工作程序,各服务项目的技术都能熟练、快速、准确操作。

　　② 沟通能力强,能正确接收顾客信息且能向顾客清楚解释服务标准。服务态度认真、友善。

　　③ 工作认真、仔细、有耐心。每日日常工作完毕后,检查各设备运行状况,如有问题要及时上报。

　　④ 具有较高的文化水平和外语水平,能掌握基本的英语听、说、笔译、口译能力。

　　⑤ 熟悉计算机办公软件的操作和快速的打字技术,会使用各种现代办公设备。

　　⑥ 掌握本市著名旅游景点及娱乐设施等方面信息,当客人询问时能适当进行介绍,熟悉本酒店其他设施、服务项目。

图8-1　商务中心

⑦ 与酒店其他部门间能友好合作。作为商务中心的票员，还应与各航空公司、火车站、汽车站等交通部门保持良好的关系。

图8-2　商务中心办公现场

2.商务中心岗位职责与工作内容

商务中心具体岗位职责与工作内容如表8-1所示。

表8-1　商务中心岗位职责与工作内容

岗位名称	岗位职责	工作内容
商务中心领班	商务中心领班以身作则，带领员工提供优质服务。制定本岗位规章制度、排班计划及培训计划，做好员工绩效考核和评估。积极引导员工团结进取，使工作达到酒店规定标准。完成经理委派的各项任务	① 参加经理主持的部门会议，并及时传达会议内容 ② 负责下属员工的排班和考勤工作，制定岗位培训计划，提高员工业务能力 ③ 检查商务中心的卫生及工作准备情况。每周领取商务中心对客服务所需用品 ④ 了解当天VIP情况，并安排好工作，重点参与对客服务 ⑤ 进行常规工作检查，检查当班员工的仪容仪表、礼貌礼节 ⑥ 查阅交接班本及有关文件和通知，注意将夜间接收的传真及时送到客人手中 ⑦ 统计前一天的营业收入及单据，做好当天的工作记录 ⑧ 定期召开例会，讲评上周工作，提出不足之处，表扬出色员工。根据员工的工作表现执行奖罚 ⑨ 督导商务中心员工参与培训，并定期进行考核 ⑩ 协调与酒店其他部门的关系，以及与票务公司的合作 ⑪ 处理客人有关商务中心服务投诉问题 ⑫ 遇到能力以外的困难，及时汇报上级部门，以便尽快解决

（续表）

岗位名称	岗位职责	工 作 内 容
商务中心文员	商务中心文员为客人提供复印、打字、传真、电话、票务、扫描、装订、上网等商务服务，尽力为客人解决各种商务需求，并确保各种设备运作正常	① 提前5分钟到岗，签到并阅读交班本，了解并落实上一班移交的事项 ② 检查电脑、机器等设备运行状况是否正常 ③ 了解当日店内大型活动、VIP预订情况 ④ 迅速、准确地回答客人有关商务服务的各种问题 ⑤ 为客人办理各种商务服务，如：接发传真、文字处理、复印资料、翻译、打字、预订机票等 ⑥ 为旅客提供各种票务服务，如：预订、退票、处理航班延误、体育娱乐、旅游票务等 ⑦ 为客人联系冲印胶卷、扩印相片、代印名片等 ⑧ 做好柜台销售记录，保留收款凭证，方便领班检查 ⑨ 接待投诉客人，解决不了的问题要及时上报领班或主管 ⑩ 将交班内容写在交班本上

探索二　商务中心工作项目的程序与标准

1. 接听电话服务

接听电话服务的具体程序与标准如下：

① 必须在铃响三声内接听，一般在铃声响两下后接听。

② 使用双语报酒店名称、部门以及服务者姓名。

③ 礼貌问候客人，如：Good morning! Business center早上好，商务中心为您服务。

④ 准备好纸、笔，记录时间、对象、事件，记录好客人要求后将客人的要求再次报给客人进行核对。

⑤ 通话结束后，和客人说结束语，待对方挂机后方可挂机。

2. 收发传真服务

收发传真（如图8-3所示）的具体程序与标准如表8-2所示。

表8-2　收发传真的程序与标准

程　　序	标　　准
接收传真	① 收到传真后检查传真眉头，辨别字迹是否清晰、传真件是否齐全 ② 传真上有房号的，核对是否与住店客人姓名一致，如传真上只标明客人姓名的，根据姓名查询房号。如果未查到客人的信息，或者客人已离店则将该传真归档收纳，在交班记录本上注明检查日期并签名 ③ 收到传真后，立即与客人联系，客人在房间则立即通知行李员送上房间；如客人不在房间，则写留言待客人回房后再送上房间。客人拿留言单取走传真后，要立即通知前厅取消留言 ④ 根据商务中心收传真的收费标准收取客人费用，如客人挂房账，核对好姓名后请客人签字 ⑤ 客人离开时，应起立、微笑、点头向客人道别 ⑥ 客人离开后，做好相关业务记录

（续表）

程　　序	标　　准
发送传真	① 热情地迎接客人，当客人走进商务中心时，及时起立向客人问好 ② 与客人核对传真内容，仔细检查传真内容是否清晰，并向客人复述传真号码、接收人姓名等，客人认可后再发 ③ 介绍发送传真的收费标准，如果客人挂账，核对好姓名和房号后请客人签字 ④ 发送传真时，输入传真号码后，先与稿件上号码核对，确认无误后，按发送键。报告单上显示未成功，则免费为客人重新发送；如报告单上显示发送成功，而对方却未收到或不清晰，则告诉客人是对方传真机的原因，再发送则要另外收费 ⑤ 传真发出后，要将成功传送的报告单连同原件一起交还给客人 ⑥ 如发送时，对方没有接通传真机，而是通话状态，这种情况需打电话告知对方接通传真机。但要事先向客人说明，如打电话须另按时间计算电话费 ⑦ 客人离开后，做好相关业务记录。开立账单，并在账单上注明传真号码及发送所用时间

图8-3　传真机

图8-4　打印复印机

3. 打印、复印服务

（1）打印服务

打印（如图8-4所示）文件的具体程序与标准如下：

① 热情迎接客人，了解客人打印需求，告知相关收费标准。

② 与客人核对需打印的文件名称，了解有无特殊要求，是否需要格式改动等。

③ 按要求打印文件，完毕后根据原稿核对一次打印内容，核对无误后，根据客人要求将核对好的文件打印出来，装订好后交给客人。

④ 打印完毕后，根据收费标准告知客人价格及问清客人付款方式，如果客人挂房账，核对好姓名和房号后请客人签字。

⑤ 客人离开后，做好相关业务记录。

（2）复印服务

复印文件的具体程序与标准如下：

① 主动、热情地迎接客人，介绍收费标准。

② 检查客人原件是否清晰，征询复印要求，如：纸张规格、数量等。

③ 调试好机器，按客人要求复印文件，先印一张征询客人复印效果，同意后再全部复印。

④ 将已复印好的文件按原稿顺序装订好后一起交给客人。注意原件顺序不要弄乱。

⑤ 复印完毕后,根据收费标准告知客人价格及问清客人付款方式,如果客人挂房账,核对好姓名和房号后请客人签字。

⑥ 把账单号码、房号、金额、付款方式分别记录在商务中心日报表上。

4. 使用电话

使用电话的具体程序与标准如下:

① 礼貌问询客人电话拨向何地,并告诉客人每分钟收费标准,为其介绍电话机使用方法。

② 客人使用完电话后,按计费器显示收费。

③ 通话完毕后,根据通话时间、电信收费标准、服务收费标准,开立账单。如果客人挂房账,核对好姓名和房号后请客人签字。

5. 扫描服务

扫描服务的具体程序与标准如下:

① 告知客人扫描的收费标准,检查客人的原件内容字迹是否清晰,如不清晰要提前告诉客人相应的扫描效果会不理想。

② 与客人确认要扫描的文件的页数。

③ 打开扫描仪正确进行扫描、存盘。

④ 扫描完成后,根据收费标准告知客人价格及问清客人付款方式,如果客人挂房账,核对好姓名和房号后请客人签字。

6. 上网服务

上网服务的具体程序与标准如下:

① 告知客人上网的收费标准。

② 为客人登录账号、密码,并记录上网起止时间。

③ 客人使用完毕后,注销账号,按使用时间收费。

④ 开立账单,输入计算机,如果客人挂房账,核对好姓名和房号后请客人签字。

7. 快递服务

快递服务的具体程序与标准如下:

① 了解客人所寄物品、重量、目的地等信息,并告诉客人收费标准。

② 指导客人正确填写快递单,请客人记录快递单号,向客人收取费用。

③ 填写好邮局发票,连同寄件人联交给客人,提醒客人妥善保管。

④ 开立账单,输入计算机。

8. 订票服务（机票预订）

订票服务（机票预订）的具体程序与标准如下:

① 热情礼貌地询问客人订票需求细节:航班线路、日期、价格、机型、特殊要求等,订票单由客人核实无误后签字即可。

② 通过电脑查询票源情况,如客人所期望的航班已无票源,要向客人致歉、做委婉解释,并征询客人意见,是否延期或更改航班;如无飞机航班,是否改换其他交通工具。

③ 在客人选择好航班后,请客人填写顾客购票单,如果客人填写时有不清楚之处,立即向客人解释和介绍。如果客人是致电问询、订票的,则仔细聆听顾客的订票要求,并做好记录。

④ 客人递回已填写的购票单时,向客人致谢。

⑤ 迅速、仔细地检查购票单内容,礼貌地请客人出示有关证明、有效证件并核对,注意有

效身份证件的期限、姓名等。

⑥ 退还客人所有的证件,向客人致谢。

⑦ 礼貌地请客人支付所需费用,酒店订票所收手续费应在订票前向客人说清楚。当面仔细清点核收,多退少补。应先收客人费用,再出票;如客人需要刷卡,则要向客人说明要等机票送到后才能刷卡。

⑧ 致电到协议出票单位订票,确认送票时间,并告知客人。

⑨ 登记完毕后,将订票单第一联交给客人,告诉客人这是取票单;第二联留存。

⑩ 机票送到后再仔细检查一遍,确认有关的信息,分清、撕好票联,将机票装袋。在机票送到后第一时间通知客人凭取票单来取机票或请行李员送到房间。

⑪ 客人来取票时,订票员必须收回客人的取票联,注明"票已取"字样并存档,将票连同订票手续费的收据交给客人,请客人当面核对。

⑫ 请客人自己再检查确认一遍,提醒客人飞机起飞时间及注意事项等。

⑬ 如客人要退票,应根据交通部门规定收取退票费,酒店则收取手续费,退款时把退票费及手续费的收据交给客人。

9. 物品出租服务

物品出租服务的具体程序与标准如下:

① 介绍各种物品的收费标准,如图8-5所示。

② 请客人出示房卡、钥匙,确认无误后可填写《物品租用单》,并请客人签名。

③ 向客人仔细介绍物品的使用方法及注意事项。

④ 在交接本上做好记录。

⑤ 客人归还物品时,请客人出示《物品租用单》,当面检查物品是否有损坏。如有损坏,按《物品损坏赔偿表》中规定的赔偿标准向客人索赔。

⑥ 开立账单并收费,如图8-6所示。

⑦ 填写商务中心日报表。

图8-5 商务中心价目表

图8-6 商务中心收费单

 **知识拓展**

商务中心的发展

商务中心,20世纪80年代在欧美诞生,不少运营商已国际化、品牌化、规模化。中国大部分提供柔性办公空间的运营商属商务中心和服务式办公室,提供可按小时计算的灵活租期、包括商务秘书在内的各类配套服务、国际多城市的办公场地等,一定程度上满足了跨国办公、移动商务、短期会议等一系列商务办公新需求,也就是即时租用即时办公,可以随时"退房"的办公室,可作为注册地点也可作为虚拟办公室。

随着经济的快速发展,商务中心以迅猛的速度席卷发达国家,覆盖城市不仅是国际化的大都市,也包括人口逾十万的中小城市。柔性办公基地运营商通过提供专业办公空间规划和管理服务、投资配套设施、提供灵活的租期、针对更具规模的企业最根本的特色,提供一站式柔性办公空间解决方案,包括人性化的办公环境、办公家具及办公设备、专业秘书服务和会客室等。

"酒店式商务中心"是在传统的商务中心形态中注入了创新的经营理念,除了提供优质的办公环境、办公家具及办公自动化设备、专业秘书服务、会议室等设施外,酒店式商务中心还会加入企业会所,例如"企业会所"、"咖啡馆"、"娱乐中心"、"餐饮配套",甚至"培训中心"等配套,大大优化了办公人士的工作环境,更加有趣的工作体验能激化每位员工的工作潜能!

【案例展示】

传真发出了吗?

一天早上,某酒店的商务中心刚刚开始工作,一位住店客人一脸怒容地走进商务中心,愤怒地将一卷纸甩在桌子上,嚷道:"我昨天请你们发往美国的传真,对方为什么没有收到? 要是我的客户因收不到传真,影响合同签订,几十万美元的损失谁承担?"

接待客人的是上早班的小宋。小宋迅速仔细地审核了给客人发传真的回执单,所有项目均显示传真已顺利发到美国了。怎么办呢? 当面指责客人? 不能!因为客人发现对方没有收到传真来提批评意见,也在情理之中。小宋灵机一动,诚恳而耐心地对客人说:"先生,您先不要生气。我们来一起看看到底哪里出错了。"客人表示同意。小宋仔细地向客人解说了这台传真机自动作业的程序,并在两部号码不同的传真机上作示范,准确无误地将客人的传真从一台传到另一台上,证明酒店的传真机没有问题。客人面色有所缓和,但仍然心存疑虑道:"不过,我的那份传真对方确实没有收到呀!"小宋主动建议:"先生,给美国的传真再替您发一次,发完后立刻打电话去证实,如果确实没有发到,传真、长途均免费,您说好吗?"客人点头同意了。传真发完后,小宋立刻为客人接通了美国长途,这次客人告诉她传真收到了。最后客人愉快地付了重发的费用,满意而去。

案例分析:本案例中酒店商务中心员工小宋对客人反映传真没有发出去的意外事件,采取了正确的态度和恰当的处理方法,从而取得了使客人满意的结果。首先,小宋面对客人上门指责的突发事件没有冲动地和客人理论,而是迅速仔细地审核了传真回执单所有项目并确认无误,确定了责任不在酒店。其次,小宋没有指责客人的过失,而是设身处地地站在客人的立场上考虑,充分理解由于传真拖延客人将损失几十万美元的焦急心理。最后小宋提出了一个令双方都满意的解决方案。

课后小舞台

1. 有一位客人来到商务中心,要发送传真,请你按商务中心服务流程标准帮助他发送传真。如果发送完毕报告单上显示发送成功,而对方却未收到,你应如何处理?注意有关事项以及收费问题。

2. 一位客人请你为他复印30份会议资料,每份10页,并装订好,但是原件较模糊,请你为客人提供相关服务。

3. 有一位客人需要你预订一张去昆明的飞机票,机票送达后,客人临时有其他事情,不能离开,所以要你帮助他退机票,请你按照订票、退票标准为客人服务。

模块九
行政楼层服务

学习目标

- 掌握行政楼层的服务内容以及行政管家的工作职责。
- 能为VIP客人提供尊贵享受的入住登记并让客人满意。
- 能为VIP客人提供商务帮助。
- 能掌握行政楼层餐饮服务的要求。

行政楼层服务

艾米的困惑

　　来到行政楼层,艾米觉得整个行政楼层就像一个小酒店一样,设施设备齐全,环境优雅。听别人介绍行政楼层是接待贵宾的,相对服务规格更高,那么行政楼层服务与普通服务有哪些区别呢?需要注意哪些细节呢?

　　行政楼层是高星级酒店为了接待高档商务客人和高消费客人,向他们提供优质服务专门划出的酒店楼层,如图9-1所示。此类楼层通常在酒店大楼的高层,拥有更好的景观视野,更安静舒适的住房环境。行政楼层的房价比一般楼层的房间高,高出约20%到50%,而且行政楼层的顾客可以享受快速入住登记,推迟离店时间,免费宽带上网、洗衣、免费享用软饮料等一系列的增值服务。此外,行政楼层多设有行政酒廊,提供餐饮服务。入住行政楼层的客人每天还能在特定时限内免费使用行政会议室等。

图9-1　行政楼层

探索一　行政楼层前台服务

1. 入住登记手续办理服务
入住登记手续办理的步骤及要求如表9-1所示。

表9-1　入住登记手续办理步骤及要求

入住登记手续步骤		具 体 要 求
1	客人有预订	在客人到达前准备好总经理签名的欢迎函。事先检查一遍客人的房间，根据客人级别决定是否需要免费鲜花、饼干等特殊欢迎
	客人没有预订	当客人走出电梯后，服务员微笑地问候客人。在接待台前请客人坐下，替客人填写登记卡，请客人签名认可，同时注意检查客人护照、付款方式、离店日期与机票等。在客人办理入住登记过程中送上热毛巾和茶水
2	核对客人证件	请客人出示有效证件，前台人员需要仔细核对证件信息与入住登记表上填写的信息是否相符，同时须按照公安部门的要求扫描证件并上传证件信息
3	收取押金或者信用卡授权	向客人收取一定数量的现金押金或者冻结客人信用卡上部分资金（作用同押金），确保客人离店时能结账付款
4	在送客人到房间之前	服务员应介绍行政楼层设施与服务，包括早餐时间、鸡尾酒会时间、图书报纸杂志的借阅、洗衣擦鞋服务等。如客人是熟客则不必详细介绍，只需介绍新增的项目
5	引领客人到房间	在客人前一步距离与客人交谈，可以边走边询问客人是否还有其他服务要求，如：网络连接、传真、会议安排、留言等。如果客人还有其他服务需要，按照客人的要求完成。如客人没有其他要求，可向客人介绍酒店其他服务项目
6	将客人引领至房间门口	打开房门，接通电源，请客人进入。介绍客人可享受的增值服务，如：免费上网、快速离店服务等。询问客人对房间安排是否满意。通知前厅行李员立刻将行李送到客人的房间
7	下午茶、鸡尾酒的服务时间	服务员应主动邀请客人参加
8	退出房间或客人离店后	将客人的信息及档案做归档工作

注：即使周围没有其他客人，仍然不能将客人的房间号码大声说出，要保护客人的隐私

2. 行政楼层离店服务

行政楼层离店服务的具体步骤及要求如表9-2所示。

表9-2　行政楼层离店手续办理步骤及要求

行政楼层离店服务步骤		具 体 要 求
1	提前确认客人离店的时间	确认客人离店时间，询问是否需要送机服务，为客人准备账单。保持微笑，并且尽可能使用客人的姓氏来称呼

（续表）

行政楼层离店服务步骤		具 体 要 求
2	委婉询问客人是否还有其他消费	其他消费，如：电话费、餐饮消费等。通知客房部查房，房内设施设备非正常损坏等都应需要客人支付一定费用。同时检查客人物品是否有遗漏在房内
3	了解客人的信息	根据客人提供的姓名、房号了解客人的信息，并将这些信息输入电脑系统，调出客人的账目与客人核对。结账时让客人查看账单细节，并向客人确认付费方式
4	确认付款方式	确认付款方式，与客人结账，为客人提供账单或者发票等报销凭证。收回客人的房卡或钥匙
5	安排行李服务	结账后为客人安排好行李服务，将客人送至电梯间，向客人礼貌道别
6	更新客人信息	及时更新有关客人信息和档案，以便客人下次入住时提供更好的服务

探索二　行政楼层商务中心服务

行政楼层商务中心（如图9-2所示）服务的具体步骤及要求如表9-3所示。

图9-2　行政楼层商务区域

表9-3　行政楼层商务中心服务的步骤及要求

行政楼层商务中心服务步骤		具 体 要 求
1	了解客人需求	热情欢迎客人，了解客人需要什么样的服务，并按照客人的要求和酒店的规章制度为客人提供服务。客人在行政楼层的商务中心服务通常包括上网、购买电话卡或者充值卡、传真、打印、复印、装订、代购机票等

（续表）

行政楼层商务中心服务步骤		具 体 要 求
2	费用声明	如果为客人提供的服务需要收取费用,应在事先向客人说明收费标准,征得客人同意后方可提供。如果客人不愿意付费,也应尽可能为客人提供其他解决方式,确保客人对酒店服务的满意度
3	收账记录	如有费用发生,应征得客人的同意,收取费用或者请客人在账单上签字确认并及时将其输入客账,待退房时一起结算
4	还原设施设备	客人使用完电脑、复印机、会议室之后将设施设备还原,清除客人使用电脑记录,以方便下一位客人使用

探索三　行政楼层餐饮服务

　　与酒店的其他餐厅不同,行政楼层所需接待的客人仅限于行政楼层的住宿客人。所以行政酒廊一般面积并不大,麻雀虽小、五脏俱全是行政楼层服务的特点,如图9-3、图9-4所示。行政楼层餐饮服务的具体步骤及要求如表9-4所示。

图9-3　行政楼层餐厅

图9-4　行政楼层自助早餐

表9-4　行政楼层餐饮服务的步骤及要求

行政楼层餐饮服务步骤		具 体 要 求
1	准备自助早餐	① 物品准备:夜班员工提前摆好餐台,做好开餐准备。服务员须将柜台、杯具、餐具表层、餐桌表面擦干净;托盘、餐巾、餐具要备足 ② 食品准备:调味品和独立包装的食品应放在适当的地方;冷饮热饮、食品及色拉、甜点、面包等要加以装饰和布置后成盘。中式、西式都应有,满足客人的用餐喜好。水果柜台和其他部分也应该干净、安排有序。在开餐过程中,随时检查各种食品的数量,并及时补充。如客人过多,不能同时用餐,先请部分客人稍候,如果客人实在赶时间,可考虑发餐券给客人,请他们到其他餐厅就餐

（续表）

行政楼层餐饮服务步骤		具 体 要 求
2	选择饮料	客人入座后,应当询问客人需要什么饮料,但是接待熟客应记住客人的喜好。根据客人的需要,提供所需饮料、牛奶、冰块等
3	结账	行政楼层客人可以至行政楼层的酒吧享用咖啡、茶水和饮料。但行政楼层的客人如果是另外要求的饮料或菜肴需要收取相应费用,或者有其他非行政楼层朋友前来一同用餐,需要加收费用,可用现金直接支付或者请客人签单后将费用挂到客账中去
4	鸡尾酒会	每天固定时间段中行政楼层开设鸡尾酒会,主动邀请VIP客人参加

 知识拓展

酒店VIP客人

1. 政府官员
   ① 国家级正副职领导人;
   ② 省部级正副职领导人;
   ③ 省厅、司局领导人;
   ④ 市县（市、区）领导人。
2. 社会名人
   ① 影视、体育界著名艺人、运动员;
   ② 社会各界名流人物;
   ③ 新闻媒体的资深编辑、记者。
3. 业内人士
   ① 酒店总经理及以上级别管理者;
   ② 对酒店有重大贡献的员工;
   ③ 受酒店邀请的贵宾;
   ④ 累计入住酒店豪华套房3次以上的宾客;
   ⑤ 累计入住酒店10次以上的宾客;
   ⑥ 大型合作伙伴的高管、领导人;
   ⑦ 总经理指定的客人。

【案例展示】

如影随形的服务

某宾馆1106房间是酒店的行政楼层房间,入住的是潘教授和当地接待部门的陈处长。潘教授是酒店管理的专家,出于职业习惯,他一进房就不自觉地检查起房内设施设备,随手抹了一把写字台的桌面看了一看便说:"这里的服务质量不错。"两人刚坐下休息,一位面带微笑的服务员敲门进来。她的手上端着两杯刚沏好的茶,亲切地说:"先生路上辛苦了,请用茶。"话音未落,紧随其后又来了一位服务员,送上的是两块热毛巾。"先生一定累了,请擦一下脸,再好好休息一下,有事情请吩咐。"两位服务员退出后,潘教授和陈处长一边擦脸一边不约而同地称赞毛巾淡雅的香味。

案例分析:客人入住行政楼层更需要的是精神和心理上的满足,行政楼层的客人往往都是具有较高社会地位的人物,他们更注重精神上的尊重和更周到的服务。本案例中,服务员想客人所想甚至想到了客人没有想到的,给了他们一个意外的惊喜,使客人得到精神上的满足,有宾至如归的感觉。

话题二　行政管家服务

艾米的困惑

最近行政楼层收到一位客人的表扬信,信中特地表扬了专门为他服务的行政管家。原来这位客人在外淋了雨,回到酒店,管家主动为他送上姜汤,客人第一次入住的时候特别向前台多要了一个枕头,管家也记下了。所以当客人第二次入住后看见房里额外多了一个枕头感觉非常贴心。管家周到体贴的服务给客人留下了深刻的印象,艾米深深感到行政管家真是神通广大啊!

探索一　行政管家的素质要求

为了向客人提供更为优质的服务,要求行政楼层的管家都必须具备很高的素质,具体如下:

① 有良好的外形和身体素质,气质优雅。

② 工作细致,有耐心、有礼貌。

③ 知识面广泛,有扎实的文化知识和专业知识,有较高的学历水平和相关的专业素养。

④ 熟练运用行政楼层各项设备设施,与酒店其他部门能够互相配合、互相协调,为客人提供周到的服务。

⑤ 具备一定英语口语能力,做到能为外国客人提供正常服务。

⑥ 具备丰富的酒店服务或管理经验,能够准确了解客人需求,熟练掌握为顾客服务的技巧。

⑦ 善于与客人交流,能够有技巧地处理客人投诉,回答客人疑问。

小提示

行政管家常常收集客人的喜好并记录在客人档案中,例如客人喜欢吃桃子、客人对芒果过敏、客人喜欢百事可乐而不喜欢可口可乐等。

探索二 行政管家的服务程序

行政管家的具体服务程序及要求如表9-5所示。

表9-5 行政管家的服务程序及要求

	行政管家的服务程序	具体要求
1	预先放置欢迎卡	楼层管家应事先检查欢迎卡,以及房内表示欢迎的茶歇或者鲜花等是否准备妥当
2	查询客人预订信息	查询客人预订信息,确认客人准确抵达时间
3	欢迎客人	在客人抵达前等候在大堂,客人一露面及时上前尊称客人姓名并欢迎客人入住
4	办理入住手续	迎接到客人之后带领客人进入行政楼层前台办理入住手续,如图9-5所示,体现客人的尊贵和与众不同
5	填写入住登记表	在为客人完成填写入住登记后,请客人核对信息并签名确认
6	带领客人进房间	为客人开门,接通电源,请客人先进屋。询问客人对房间是否满意,如有不满之处尽力改正,如满意则继续保持。离开前询问客人是否还有其他要求,无其他要求则礼貌地退出房间并轻轻关上房门
7	信息收集	如果客人是第一次入住,管家应当向客人索取名片,以便为客人开信息档案。拿到名片之后专职管家应当礼貌称呼客人姓氏,并及时将客人信息归档。如果客人改换了新的名片,也应主动向客人索要,将系统信息更新
8	介绍客房	管家应向客人详细介绍客房以及酒店的服务设施,也要尽可能销售酒店的其他服务,如图9-6所示
9	上茶或饮料	客人在餐饮区域时,要根据客人的喜好上茶或饮料。如果客人是首次入住,则上前询问客人需要什么饮料,并记录到客人信息档案中
10	确认客人的离店时间	确认客人的离店时间,客人离店前向客人确认付款方式
11	信息更新	待客人离店后将客人信息更新,记录客人喜好

图9-5 行政管家为客人登记入住

图9-6 VIP客人上网处

知识拓展

别出心裁的欢迎卡

　　入住酒店的VIP客人都是声名显赫的，他们什么都不缺，用一般的物质难以打动他们，而且随着酒店市场竞争日益激烈，各家酒店都别出心裁地想办法要留住客人，因此不断推出人性化服务。十年前酒店在你生日那天发来祝福短信还是件稀奇事，但是如今每家酒店都会这么做，此举动早已不是什么创新了，所以酒店要花更多的心思留住客人。

　　在接待VIP客人的贺卡上不少酒店已开始创新了，例如藏头诗：

"祝吴总生日快乐"

祝福声声传金曲，
吴刚伐桂酿琼液，
（吴门巾帼展才艺）
总是佳品众人尝，
（总是获得满堂彩）
生逢盛世国兴旺，
日饮甘露胜美酒，
快意人生释烦恼，
乐游仙境美煞人。

课后小舞台

1. 酒店重要的VIP客人周先生入住酒店，电脑上的预订记录是下午2点到达。请你作为行政楼层的前台服务人员为客人办理入住手续。

2. 常住酒店行政楼层的客人张女士周末入住酒店，作为行政楼层的管家，你从电脑记录中了解到张女士喜欢自己泡、喝功夫茶，而且她到达酒店就请管家为她打印文件并装订。请你根据酒店服务规范为张女士提供周到服务。

基础管理篇

——做好服务质量管理

模块十
人员与安全管理

学习目标

- 了解人力资源的安排。
- 知道员工的培训与激励方法。
- 知道酒店安全事故的处理方法和流程。

话题一　员工培养

艾米的困惑

艾米在岗位上实习已有半年了，因其工作敬业勤恳、聪明好学，很快得到了部门领导的赏识。正巧此时酒店集团有个员工培训机会，领导就询问艾米是否有参加的意向。艾米口头上答应了，但心里却犯一直嘀咕：酒店里不是每周都要参加培训吗，为什么还要去集团取经呢？难道是自己的技能操作还不够完善，业务能力还需要再提高吗？

员工是企业的生命线，可以说，选择并培养一批优秀的员工能够帮助企业更快地实现企业目标。对酒店来说，也是一样。在经过层层筛选后，一批优秀的员工被留了下来，然而，在工作开始前，以及长期的工作中，为了帮助新员工更快更好地融入酒店服务文化，也为了老员工能长期保持热情和工作动力，对员工进行培训和激励是必不可少的。

1. 培训的必要性

首先，通过培训可以帮助员工提高工作效率和服务质量，降低消耗，减少成本。

很多员工在进入岗位前已在学校或是社会培训中掌握了一些服务的方法和要领，虽然服务的方法和要点大同小异，但是仍需要根据每家酒店不同的企业文化进行调整。每家酒店对员工所开展的培训都是在自己酒店中经过多次的实践总结出来的符合本酒店服务理念的方法。通过培训，员工能掌握服务的技能技巧和科学的工作程序，并在工作中加以运用，不仅可以节省时间和体力，起到事半功倍的效果，还能够提高服务质量，得到客人的认可。同时，经过培训的员工能掌握正确的工作方法，从而减少用品的浪费，降低物件的磨损，这样可以有效地降低消耗，节约成本。

其次，通过培训可以加强员工间的沟通、改善管理，并能为员工的晋升和发展创造良好的条件。

员工之间的团队意识十分重要，通过内容丰富、形式多样的培训，对员工之间交流思想、沟通信息、活跃气氛、消除隔阂、增强人际关系、加强合作是非常有效的。不仅如此，通过培训，还能使员工和管理层之间有相互沟通和了解的机会，增强了贴近感和集体的凝聚力，从而促进管理水平的提高和服务质量的改善。员工在培训过程中也能提高业务水平和综合素质，变得不仅能够胜任本职工作，甚至可以承担更重大的责任，具备获得晋升的条件。

最后，通过培训可以提供安全保障。

员工经过培训，可以时刻保持安全防范意识，掌握并牢记安全操作规程，提高预防和处理安全事故的应变能力,从而降低工作中安全事故的发生率。

2. 培训的内容

酒店员工的培训通常包括以下基础内容(根据不同酒店不同的要求可能会有一些增加的内容)。

① 酒店及部门的规章制度。

② 服务意识。

③ 职业道德。

④ 仪容仪表与礼貌礼节。

⑤ 服务程序、规范与技能技巧。

⑥ 客房销售艺术。

⑦ 英语。

⑧ 安全知识。

⑨ 管理人员管理技能。

3. 培训的种类

(1)新员工培训

新员工培训通常由酒店的人事培训部负责。酒店相较其他行业人员流动是比较快的,因此新员工培训成为了很多大酒店每天需要进行的活动。新员工报到时,培训部统一对其进行入店培训,内容一般包括欢迎仪式;学习酒店的员工手册;了解酒店的情况;熟悉酒店的环境;办理有关手续;疑难解答等。新员工培训十分重要,这关系到新员工对酒店管理制度的第一印象,也影响到新员工将来的工作态度。新员工在结束培训后即去聘用部门接受岗前培训。

(2)岗前培训

新员工在到达自己的岗位后,必须先进行该部门的业务培训,培训结束后,还必须接受严格的考核,考核合格后才能正式上岗。每个员工都必须熟悉该岗位的基础服务要求和服务规范以及礼仪要求。

(3)日常培训

员工在日常工作时,主管或领班需针对工作中发现的问题随时进行培训。此类培训可以通过案例分析、研讨会等方式,让所有员工都能在工作中发现自己和其他人身上的问题,并引以为鉴,扬长避短。也可以利用各种机会对员工进行个别教育和训示,其目的在于逐步强化员工良好的工作习惯,提高其工作水准,使部门各种工作规范化。

(4)发展培训

在工作的过程中,部分服务员和管理人员的潜力就体现出来了,对于此类员工,需要一些发展培训帮助他们学习晋升高一级的管理职位之前所需要具备的能力。通过此类培训,能够帮助员工了解其他部门或岗位的内容和特点,掌握必要的管理技能和技巧,培养一批新的管理人员和业务骨干,通过培训可以使其能够担当更高层次的职务或承担更重大的责任,发挥更大的作用。

4. 培训的方法

① 讲授法。这是传统的培训方法,被相当普遍地采用。但在一些一线服务部门不适宜以此方法为主。

② 多媒体教学法。在基层培训中,生动形象的录音录像教学方法效果很好,尤其是对员工进行礼貌礼仪、操作规范和外语培训时。购买的教学录音录像和自制的录像都十分生动,效

果明显。服务员对这种培训感兴趣,认为比较直观,也便于纠正错误,还能提高功效。

③ 讨论法。是由培训者提出讨论内容,引发员工讨论,对分歧较大的讨论由管理人员参与,同时探讨解决问题,再集中意见。此类培训法适用于各层次各岗位的员工。因为讨论的内容和解决方法均是由他们自己通过讨论得出,所以这样的方法不仅可以使员工对讨论的内容有更深刻的印象,还可以开拓员工的思维能力,激发参与意识,活跃学习气氛,增强培训效果。

④ 情景培训法。和讲授法相反,适用于一些一线服务部门。培训者将员工在工作中存在的问题提出,让员工分别扮演有关人物,然后给予总结,指出问题。必要的时候还可以采取角色互换,即使员工和客人的角色互换,和管理人员的角色互换,从而体会客人和管理人员的感受与行为,进而将心比心地改进自己原来的态度和行为。此方法趣味性很强,也使员工有发挥想象力创造力的余地。

⑤ 岗位见习。对于那些工作努力、有一定潜力的员工,可以通过安排适当的管理岗位实习以考察和锻炼其能力,适用于各级员工。

5. 培训的原则

(1) 对症下药、因材施教原则

对员工进行培训时,一定要针对不同的对象、根据不同的内容和要求,选择适当的培训方式和培训内容,避免出现重复培训的情况。

(2) 压力和动力并存原则

要想使员工都能认真刻苦地学习,必须要使其感到一定的压力。另外,仅有压力也不行,会使员工有倦怠感,因此,动力也是有必要的。这时候就需要一定的激励,要让他们清楚地感受到学和不学不一样,学好和学坏不一样。培训者要注意培养学员的学习兴趣,调动积极性。

(3) 持续性原则

培训是酒店的一项长期持续的工作。社会在进步,行业在发展,客人对酒店的要求也每时每刻地在发生变化,为了适应这些变化,必须常抓不懈地进行员工培训。因此,酒店必须始终把培训工作当作一项长期的持续的工作,将培训贯穿于酒店经营管理的全过程。

(4) 标准和灵活相结合原则

国有国法,家有家规,对员工进行业务培训时,必须强调绝对标准。酒店的很多工作是非对即错、不好就坏,没有模棱两可的结果。强调绝对标准,有利于增强员工的质量意识,培养员工良好的工作习惯。当然,强调标准与培养员工的灵活应变能力并不矛盾。灵活应变是指处理问题的方式方法可以多样化,但最终的结果必须符合规定的标准。

(5) 实用性原则

培训不是走个形式,必须保证实用。对员工的培训,在内容、方式、要求上都必须实用,一要适合本酒店的实际需求,二要取得实实在在的效果。

(6) 系统性原则

培训工作必须讲究系统性,主要表现在培训计划的系统性、培训对象的全员性与层次性方面。

(7) 科学性原则

酒店在面向工作制定培训目标时,要遵循科学的原则,对于培训内容、培训方式、培训时间等,都要讲求合理,力求达到最好的效果,而不是随心所欲。

6. 员工激励

员工激励是指通过各种有效的手段,对员工的各种需要予以不同程度的满足或者限制,以

激发员工的需要、动机、欲望,从而使员工形成某一特定目标并在追求这一目标的过程中保持高昂的情绪和持续的积极状态,充分挖掘潜力,全力达到预期目标的过程。

7. 员工激励的作用

(1) 有利于形成员工的凝聚力

组织的特点,是把不同的人统一在共同的组织目标之下,使之为实现目标而努力。因此,组织的成长与发展壮大,依赖于组织成员的凝聚力。激励则是形成凝聚力的一种基本方式。通过激励,可以使人们理解、接受、认同和追求组织目标,使组织目标成为组织成员的信念,进而转化为组织成员的动机,并推动员工为实现组织目标而努力。

(2) 有利于提高员工的自觉性和主动性

个人的行为不可避免地带有个人利益的动机,利益是调节员工行为的重要因素。通过激励,可以使员工认识到在实现组织最大效益的同时,也可以为自己带来利益,从而将员工的个人目标与组织目标统一起来。两者统一的程度越大,员工的工作自觉性就越强,其工作的主动性和创造性也就越能得到发挥。

(3) 有利于员工开发潜力和保持积极状态

在客观条件基本相同的前提下,员工的工作绩效与员工的能力和激励水平有关。通过激励,可以使员工充分挖掘潜力,利用各种机会提高自己的工作能力,这是提高和保持高水平绩效的重要条件。另外,通过激励,还可以激发员工持之以恒的工作热情。

8. 酒店的员工激励的手段和方法

在对员工科学考核的基础上,酒店应通过各种手段与方式对员工进行激励,肯定员工成绩,鞭策员工改善工作中的不足。同时要建立完善、科学的激励体系,并随市场与酒店的发展情况进行及时调整。

(1) 红包

每年年底,根据员工的不同业绩表现,每一名员工都会得到酒店颁发的红包,奖励的金额不等,以肯定员工一年的辛勤贡献。

(2) 海外旅行

表现突出的员工,还将被奖励赴海外旅游,并可以携带一名家属。这种激励方式不但对员工起到了有效的激励作用,增加了员工的忠诚度,更赢得了员工家属的理解和支持,让他们感到自己的亲人在人性化的氛围中工作,也增强了家属对员工的自豪感。

(3) 股权

除了对工作业绩出色的员工给予奖励外,还可给予他们酒店的股权,使酒店利益与员工个人利益紧密联系在一起。

(4) 职位晋升

激励还包括对员工职位的晋升。酒店鼓励员工承担更大的责任,让他们稳步成长为优秀的酒店专业人才。每一次职位的晋升,每一次给员工设定更大的目标,每一次对员工的挑战,都激励着酒店员工奋勇向前,为给酒店创造更优秀的业绩,为实现自己的职业梦想而努力。

(5) 培训

形形色色的培训机会当然也是酒店重要的激励手段。表现突出的员工将得到更多的培训机会,将被派往国内外优秀的酒店管理学院进行培训,全面提高各种技能,锻炼领导力,开拓国际化酒店管理的视野,为担当更大责任做准备。

（6）精神与物质激励并重

对员工的激励手段中，许多时候物质与精神的奖励并重且结合在一起。例如，"酒店品质服务卓越奖"，奖励那些在酒店内部服务与外部服务方面都表现出高品质的员工。"最佳团队奖"，奖励那些完成重大项目的团队，如：完成某个接待的服务，提高了工作效率等。一般表现突出且仅有5%的员工才会得到这种奖励。例如在每年的10月份进行评比，由人力资源部组织并参与，对候选人与团队进行评估与讨论，11月份公布评比结果。评选结束，为员工颁发有董事总经理签名的奖状和奖杯，以及相应的物质奖励。

话题二　部门安全事故的防范与处理

艾米的困惑

艾米在前厅部已经实习了好几个月了，虽然过程中遇到许多问题，但也一一解决，如今，她对前厅部的各项工作都已经驾轻就熟。今天，是她人生中最惊险的一天。当她正在前台认真工作时，酒店的警铃突然大作。好在平时酒店对员工的基础培训中，总不忘进行消防演习，员工们各司其职，开始对客人的疏导。艾米也接受过此类培训，但作为实习生的她，仍然有些不知所措。这时大堂副理及时出现，安排艾米前去电梯口疏导客人，让他们走安全通道，而不要乘坐电梯。在酒店员工临危不乱的指挥下，客人们有序地离开酒店。事后才知道，有客人在房间内违章使用火锅，锅子的烟触动了酒店的烟雾报警器才使得警铃大作，原来是虚惊一场。经过了这一次的经历，艾米更深刻地认识到了酒店的各类意外事故并不只是纸上谈兵，而是会真实发生的。那么如果遇到火灾和其他意外突发事故，到底应该如何应对呢？

前厅部的大厅内客人流动量大，是出入酒店的必经之地，且人员构成复杂，各种事故随时都有可能发生。因此，前厅部除了业务管理工作外，还应重视安全管理，它是提高服务品质和酒店声誉的重要一环。

探索一　消防安全

火灾在所有灾难中最普遍，在公众场合也最容易造成大量人员伤亡。因此，对于酒店这样人员密度极高的场所，消防安全显得尤其重要。

首先，我们需要了解可能引发火灾的因素，主要有吸烟、电器着火、明火作业等等。

火灾可以被分为三种类型：A类火灾是指木头、纸等起火；B类火灾是指易燃液体起火；C

类火灾是指电起火。

其次，我们需要了解应配备的基础消防设备。按照国家规定配备，符合标准的消防设备主要有以下几种：

① 烟感报警器，如图10-1所示。当室内烟雾达到一定浓度时，烟感器便会自动报警，这有利于及时发现火情。

② 热感报警器。当火灾的温度上升到热感器的动作温度时，热感器的弹片便会自动脱落造成回路，引起报警。

③ 手动报警器。当有人发现附近有火灾时，可以立即打开玻璃压盖或打破玻璃使触点弹出，引起报警。还有一种手压报警器，只要按下这种报警器的按钮即可报警。

图10-1　烟感报警器

当然，灭火的方法也是多种多样，具体如下：

① 隔离法。将可燃物质移开，使燃烧停止。

② 窒息法。阻止空气流入燃烧区，切断燃烧的给氧，使燃烧停止。

③ 冷却法。将水或灭火物质直接喷射到燃烧物上，使温度降到燃点以下，使燃烧停止。

④ 抑制法。使用化学灭火剂抑制燃烧，使燃烧停止。

同时，我们也必须了解各种灭火器材及其使用方法。

灭火器材可分为自动灭火系统和手动灭火器材两种。

自动灭火系统指的是酒店内配备的自动喷水系统，一般有3种，即湿管系统、干管系统和集水系统。自动灭火系统在酒店设计建造时就要考虑。现代化的灭火设施灭火效果好，也能增加安全性。

手动灭火器材即手动灭火器。自动灭火系统再先进也不能完全替代它们。部分火灾如：油类、电气等不宜用水扑救，因此前厅员工还要掌握常用灭火器材的性能与使用方法。其中包括二氧化碳灭火器、干粉灭火器、泡沫灭火器、"1211"灭火器。以上灭火器分为手提式、推车式及背负式等，酒店多用手提式。

 知识拓展

各类便携式灭火器的适用表

适用的火灾类型	灭火器的类型			
	1211灭火器	泡沫灭火器	二氧化碳灭火器	干粉灭火器
电气设备火灾	适用	适用	适用（电压<600 V）	适用
可燃液体火灾	适用	适用	不适用	不适用
易燃液体火灾	适用	适用	不适用	不适用
一般固体物质火灾	不适用	适用	一般不用	适用

除了对火灾的知识和防火器材有所了解以外,我们也要提高员工对火灾的敏感性,以做到防患于未然。

首先,为提高前厅员工的防火意识,员工应做到:

① 牢记酒店安全出口、灭火器、消防栓的位置。

② 了解各个工作区域的空调、照明、水电系统的开关位置。

③ 严禁在工作中吸烟、喝酒,以减少火灾发生的可能性。

④ 随时提高警惕,发现火警征兆或问题,要及时采取措施,及时报告。

⑤ 定期进行安全检查,清除隐患。

其次,酒店应制定相应的前厅防火措施。具体如下:

① 提高观察力度,及时发现并制止客人将危险物品带入酒店。

前厅服务人员在向客人提供接待服务过程中,应提高警惕,随时留意客人是否将易燃易爆、枪支弹药等危险物品带入酒店。一经发现,应及时向保安部和大堂副理报告。

② 在前厅区域配置足够多的烟灰缸。

酒店前厅是客流量最大、人员最复杂的地方,吸烟的客人也特别多。为此,前厅员工要注意吸烟的客人,以防客人乱扔烟头从而引发火灾。为避免客人乱扔烟头,前厅部应在电梯厅、休息区等人流易驻足的地方配置足够的立式烟灰缸,在供客人休息的区域的茶几上放置烟灰缸,并及时清理烟蒂等残存物。

③ 在行李寄存处严禁吸烟。

客人寄存的行李多而杂,严禁行李员及工作人员在行李寄存处吸烟。

④ 行李房内,不准违规使用电器。

行李库房内不得使用电炉、电取暖器、电熨斗等电器。

⑤ 前厅员工不得私自加装、动用电器设备。

前厅需增加电器设备或更新原设备时,必须经过主管部门、工程技术部同意,不可私自装卸。

⑥ 前厅员工应加强日常巡视检查工作。

前厅服务人员每天每个班次都要检查所使用的各种设备状况,如发现险患应立即向本部、工程部和保安部门报告,采取积极措施予以修理,或进行更换。

如火灾已经发生,前厅人员应协调各部门做好应急处理。在平常的消防演习和救援培训时,前厅服务人员应该明确和熟悉各自的职责和任务,培养临危不乱的心理素质和专业素质。

① 及时发现火源。当听到自动报警装置发出火警信号或闻到烟味时,应该停止一切工作,迅速到场查明情况。根据掌握的住客情况,有针对性地查找火源。

② 及时报警。如果发现火情,要查明火源的准确位置以及燃烧物质,立即向有关部门报告。报警时一定要镇静,口齿清楚、讲明情况。

③ 及时扑救。如果火源燃烧面积不大可用水桶、灭火器材、消防栓等进行扑救,同时注意客人的安全。

④ 疏导客人。发生火灾时,一定要有组织、有计划、有步骤地疏散客人。具体如下:

a. 坚守岗位:随时回答客人的询问,安抚、稳定客人的情绪。

b. 及时控制电梯:靠近电梯的前厅服务人员迅速将自动电梯放入最底层,并告诫客人不要乘用电梯,不要回房间去拿物品。

c. 妥善保管财务和资料:收银员迅速转移现金、客账等重要财物,并安排专人保管。接待员要迅速整理客人的住宿登记资料,在接到疏散命令并在指定地点集合后,根据客人住宿登记资料尽快清点客人人数,将清点结果向保安部门汇报。

d. 妥善安置客人物品:行李员迅速将客人寄存的物品转移到安全地带并派专人看守。

e. 协助疏散:门童迅速打开所有通向外面的出口,协助保安人员组织客人向外疏散,阻止无关人员进入大厅。

【案例展示】

员工消防意识淡薄

11月4日14:10分,工程部员工小陶在未办理"动用明火审批表"的情况下就在一楼厨房里烧电焊,也未通知厨房相关人员,此时一名刚进厨房的厨师看到该处有火光,误以为发生了火灾,就近拿取了灭火器进行喷射。

案例分析:一是工程部员工未按照规定办理有关手续,违规操作;二是餐饮部员工消防、灭火常识掌握不够全面,而造成此事件的发生,所以要切实做好酒店员工消防安全知识的培训,杜绝一些不必要的事件发生。

探索二 意外事故的防范与处理

除了火灾以外,酒店由于人员复杂,还可能出现很多意外事故,因此提高员工对意外事故的防范与处理能力也十分重要。

首先,要做好防盗工作。对于酒店来说,人流量非常多,且人员混杂,很难完全杜绝盗窃行为,为此,酒店应对员工进行多方面的教育和培训:

① 加强员工的职业道德教育和对盗窃行为的识别与防范的能力。具体如下:

a. 具有良好的职业。能够维护自身合法权益;严格遵守岗位职责,对于可能涉及安全的问题,员工应立即报告;熟悉酒店监控系统、安全报警装置、监控系统。

b. 不在总服务台大声说出客人房号。有人询问客人房间号码,总机话务员只能提供该客人的客房电话,但不会说出房号。同样,在给客人发放钥匙时不要在总服务台说出房号。

c. 总服务台接待员对任何来领取钥匙的人都应要求其出示证件。如果证件上没有照片,那么领取钥匙的人还需提供一些资料,如:家庭地址、单位名称、电话号码等。

d. 代客停车时应用三联单来控制车辆。第一联交客人作为收据,第二联和第三联与车钥匙放在一起。当客人要取车时,第二联作为部门留存,第三联放在车上,在将车归还客人时,必须将客人手里的第一联和车上的第三联进行核对。

盗窃行为可发生在:

a. 社会人员混入酒店作案。

b. 客人中的不良分子作案。

c. 内部员工利用工作之便作案。

② 制定严格的钥匙管理制度。

a. 领发、归还、交接钥匙都必须登记姓名。

b. 上班期间,钥匙应该随身携带,不得乱放,以防遗失。

c. 不得将钥匙借给他人使用。

d. 不得将工作钥匙带出酒店。

e. 员工违反酒店有关客房钥匙使用的规定,或遗失钥匙,要承担责任。

f. 磁卡钥匙的制作者及密码应该由酒店高层管理人员专人负责与控制,随时查对制作钥匙的情况,还应该根据不同的管理层次规定制作人员的权限。另外,每一位磁卡钥匙制作者都应该有独立密码进入制作系统,以确保安全。

③ 加强对门厅大堂保卫工作的管理,密切注意大堂内客人活动。

a. 制定《宾客须知》,明确告诉客人一些注意事项。

b. 建立、健全访客的管理制度,明确规定访客的手续及访客时间,严格控制无关人员进入酒店。

其次,要做好停电事故的紧急处理。

造成停电事故的发生,有许多不可预料的因素,既有外部供电系统问题引起的,也有酒店内部供电系统故障导致。因此,一旦发生意外停电,装置立即自行启动供电。这是对付停电的最理想方法。没有这种装置的酒店,可以配备足够数量的应急灯,以满足照明需要,以防在客人中造成恐慌。

酒店中可能出现各种你想象不到的意外事故,最重要的是能够做到未雨绸缪,临危不乱,及时处理,妥善解决。

【案件展示】

手提包不见了

刘先生是酒店的一位协议客人,今天他再一次因出差来到了酒店住宿,晚上7点左右,刘先生入住了407房间,将手提包放在床上后外出就餐。一小时后,刘先生回来发现房间门卡失灵,再请服务员打开房门后竟发现床上放着另外两个包,而自己的手提包不翼而飞了。

经调查,由于工作人员的疏忽,将407房间又分配给了其他两名房客。根据刘先生称,包内有5万元现金。

酒店经理承认,这的确是工作人员的失误所致,经查看酒店的监控录像,两名后入住的客人拿走手提包的嫌疑比较大,但这两名客人否认拿走了手提包。

经过酒店各相关负责人商讨决定,对刘先生进行了5万元赔偿。

案例分析:意外事故的发生对酒店和客人来说都是巨大的损失,因此对意外事故的防范尤其重要,这不仅体现在要做好防范工作和提醒客人提高警惕,也体现在员工对工作的态度和责任心上,这是酒店在培训的过程中特别需要注意的。

课后小舞台

1. 小王一直是一个很不自信的人,当她刚来到酒店工作的时候,由于接触了很多新的东西,一时无法适应,导致经常犯错,使得自己更不自信了。她的带教师傅十分亲切,不仅没有批评她,还一直鼓励她,一年下来,小王不仅做事井井有条,还荣获了本年度的酒店优秀员工奖。请根据本模块所学内容,谈谈员工激励的重要性。

2. A酒店在某一天由于客人在房间内吸烟导致警铃大作，在酒店内引起了一片恐慌，但该酒店员工训练有素，安排客人快速、有序地撤离，并没有引起严重的事故。请根据本模块所学内容，谈谈火灾的应急处理方法。

3. 盗窃事故在酒店中也是引起酒店损失和客人不满的较为普遍的现象，请根据本模块内容谈谈酒店对盗窃事故的预防措施。

模块十一
客户服务质量管理

学习目标

- 了解客史档案的重要性并知道建立客史档案的途径和方法。
- 知道如何有技巧地处理客人的各类投诉。

"质量"这一概念在不同行业、不同地方有着不同的定义。但无论何种定义,它们有一个共同点就是:质量是衡量某种产品或服务的标准或尺度,这一标准或尺度应该符合客人对这一产品或服务的期望值和价值观,并使客人高度满意。

酒店前厅部严格说也可以说是一个销售部,而它所销售的产品就是"服务",所以前厅部的服务质量就是衡量酒店水平的标准和尺度。著名管理学家菲利浦·科特勒指出,影响服务质量的要素有5个,分别是服务规范性,服务主动性,知识、能力和态度,情感投入,以及服务的具体性。按照这些标准和尺度提供的服务给客人带来的实际感觉和客人对这些服务的期望值之间的差距决定了客人对服务质量高低的判断。如果客人的实际感觉超出其期望值,则说明服务质量高;两者一致,则说明服务质量普通;同理,实际感觉低于期望值,则说明服务质量差,如图11-1所示。为了保证高质量的服务,酒店需要做很多工作来完善各种体制。

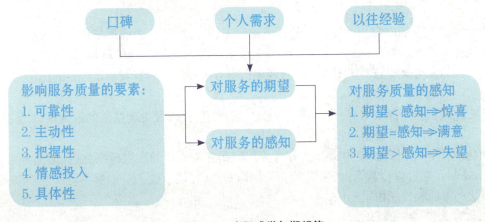

图11-1　实际感觉与期望值

话题一　客史档案建立

艾米的困惑

艾米偶然间看到了文件柜里有几份关于客户信息的档案表,好学的她拿着这些表格向师傅Jacky请教:如此全面的信息是如何采集到的。

Jacky说:客户的信息采集是贯穿在全体员工具体细致的对客服务过程之中的,比如:

① 在前厅,一名优秀的行李员能够在为新客人服务的过程中,委婉地询问客人的姓氏,准确地用姓氏尊称客人,并在与客人交流时得到对方的一些信息。

②在餐厅，细心的餐厅服务员发现某位客人特别喜欢餐后喝一杯茴香利口酒，就将这个信息传到营销部，存入资料库。

③具有娴熟服务技巧的点菜员在点菜过程中，可运用婉转的语言与顾客沟通，并进一步了解客人喜爱的菜品、爱喝的酒水等，并做好信息传递和记录工作。

④楼层服务员在服务中注意客人的举动、客人的喜好，抓住机会与客人沟通。

⑤客房服务员面对一间客人使用过的客房，看到烟缸里有很多烟蒂，说明客人烟瘾很大，酒店可以考虑当这个客人再次入住时事先放润喉糖。

⑥优秀的吧台收银员、接待员应熟悉客户的有关方面的喜好、结账方式或特殊需求等。

由于客史档案的内容与前厅的业务关系比较密切，因此往往由前厅部负责客史档案的资料收集工作。但是，这项工作仅靠前厅档案人员来做是不够的，还必须借助酒店各有关部门和接待人员的大力支持与密切配合。建立客史档案对酒店的盈利有着举足轻重的作用。

1. 客史档案的资料来源

客史档案资料来源主要有：订房单、登记单、客账单、投诉及处理结果的记载资料、客人意见征求书以及其他平时观察和收集的记录资料。

酒店应把客史档案收集的工作纳入有关部门和有关人员的职责范围之内，使之经常化、制度化。同时，通过宣传教育，增强有关人员的档案意识，使有关人员能够主动配合档案人员做好客史档案的收集和积累工作。

2. 建立客史档案的方法

（1）登记单

最常见、最简便的做法是用图表形式，在总台客人入住登记单的背面记录客人的来店次数、入住房号、同来店人数、支付的房价及方式、开房员姓名，图表中应留有空白，以便填写评语和信贷等信息。

（2）电脑存档

将各种住客资料用电脑储存起来，需要什么信息，随时调用，方便使用，而且储存量大。

记录客人住店期间的主要情况和数据，前厅部通过对客史资料、市场调研与预测等信息的收存、归类及定期统计分析，可形成一个潜力极大的资料库，用以改进酒店的服务工作，提高酒店的科学管理水平。

 知识拓展

酒店员工如何收集客户信息资料

酒店要让员工认识客户信息收集的重要性，端正信息收集的态度，提高信息收集的技巧。

　　酒店建立了清晰的信息收集途径，只是迈出第一步，如果员工没有积极收集信息的意愿，那整个活动还是会流于形式。

　　如何才能调动员工这方面的积极性呢？靠灌输大道理的话，那么效果不会很显著，因为员工往往比较现实，对于他们来说，信息收集可能是额外的负担。以客房服务员为例，如果要仔细收集信息，在打扫房间前，必须先观察客人住宿过的房间，记录不寻常的地方，这必然会延长员工的工作时间，而收入并没有直接增加，甚至工作慢了还要扣钱，有了这种心态，员工会如何选择，一看就知。此外，有的酒店采取高压政策，规定各班组必须完成信息收集的指标，否则也要扣钱，通过这种手段获得的信息的准确性如何，谁也不敢保证。

　　合理的做法是可以把信息收集和员工奖励挂钩，如：每月进行信息收集排名，对信息收集比较积极的员工给予明显奖励，并树立正面形象，鼓励其他员工也留心收集信息。

　　当然，员工收集信息不理想不一定是态度问题，也有可能是技巧问题，同样以客房部员工为例，面对一间客人使用过的客房，并不是很清楚眼前哪些变化是有记录价值的，而这些联想的技巧，不是每个服务员都很在行的，这就需要对员工进行培训，如：可以找几间脏房间，让员工学着寻找蛛丝马迹，记录有价值的信息。

话题二　客人投诉处理

艾米的困惑

　　中午时分，一位住客怒气冲冲地找到大堂副理说他放在房内的几件行李都不见了，严厉地斥责酒店的安保工作。该客人姓何，是该酒店的协议客人，一直住在1518房间。

　　经了解，何先生曾向艾米提出房内马桶堵塞，要求换房，但当他吃完饭回来后行李就都不见了。大堂经理立即向艾米及客房部询问。原来是这样的：艾米在接到何先生的换房请求后，即答应帮其换到1618房，并做好新钥匙，交给行李员去1518房找何先生换房，行李员敲了几次门后确认无人又把钥匙还给了艾米，没有换成房；而客房部在接到总台通知1518房已换到1618房时，发现何先生的行李仍在1518房，本着助人为乐的目的，就把行李搬到了1618房。何先生浑然不知以上所发生的一切，故而引发了开头的一幕。

　　事后大堂副理就这件事情教育了艾米做事的方法，避免引起客人不必要的不满和投诉。首先，没有经客人同意(特殊情况除外，如：火灾)，酒店员工是无权移动客人物品的。客房部员工违反了工作程序和酒店的相关管理条例，在得到总台通知换房时，没有主动征询客人意见或得到客人书面同意就搬运行李。即使帮客人搬运了行李，也没主动去找客人协调，做好对错误服务的补救。其次，艾米工作不够细致，未在答复客人换房要求后主动征询客人换房时间，更没有在行李员换房不成的情况下与客房部人员沟通"客人不在，暂缓换房"，因为毕竟在事实上没有完成换房的所有手续，即客人未拿到新房间钥匙和交回旧钥匙。同时，艾米和客房部员工都没有做好相互之间的沟通和与客人的沟通，欠缺沟通的主动性、及时性。

最后酒店大堂副理真诚地向何先生道歉，同时送了一份精美水果，取得了谅解。通过此次教训，酒店规定当客人不在场或未得到客人书面同意的情况下，各部门员工不得私自搬运客人行李，并要求由行李员来完成，客房部员工协助，避免类似事件的再次发生。

艾米了解了这次事件的严重性，也开始思考预防客人投诉和处理客人投诉的方法与窍门。

无论酒店服务质量的高低，都有可能出现客人投诉的情况，如何预防、应对和处理客人的投诉关乎酒店的声誉和客人的回头率。

1. 投诉的原因

可能引起客人投诉的原因有很多，如：不注意语言修养、冲撞客人，不尊重客人的风俗习惯，忘记或搞错了客人交代办理的事情，损坏、遗失客人的物品，食品用具不清洁，设备损坏没有及时修好等，都可能导致客人对酒店产生失望情绪。客人投诉的原因主要有以下几个方面：

（1）对服务态度和质量不满

对服务态度的投诉主要是由于服务人员的服务态度不佳，未能让客人享受到应有的心理服务，具体表现为接待过程中待客不主动、语言生硬、态度冷漠、答复不负责等方面，或是没有及时完成或遗忘客人的服务和要求。例如，总机叫醒服务疏漏、递送接运行李不准时、邮件不及时等。

（2）设施设备出现问题

此类投诉主要是由于酒店的设施设备出现了故障，又未能及时为客人更换或协调，如：空调不灵、卫生间水龙头损坏等。酒店的设施设备是为客人提供服务的基础，设施设备出现故障，服务态度再好，也会严重影响酒店对客人的服务质量，引起客人的投诉。

（3）酒店管理不善

此类投诉主要是酒店本身的管理制度和操作程序不够完善或不够规范而导致客人的某些利益受到侵犯，如：住客的房间受到骚扰、客人的隐私不被尊重、财物丢失等。

（4）客人对酒店的有关政策规定不了解或误解

有些情况下，并不是酒店犯错，而是由于客人对酒店有关政策规定不了解或误解而造成投诉，在这种情况下，要对客人耐心解释，并热情帮助客人解决问题。

2. 投诉的类型

投诉的类型不是一成不变的,不被理睬的建设性投诉会进一步变成批评性投诉,进而发展成为控告性投诉,或是客人愤然离店,并至少在短期内不再回来。因此,了解投诉的类型十分重要。

根据客人投诉时的态度和投诉的方式,可将客人的投诉分为以下几种类型:

（1）典型投诉

典型投诉体现为客人正面提出对某服务的不满,并要求补偿。如:一位客人在结账时,等了20分钟以上仍没有人来接待他,他表示非常生气,并要求经理来解决这个问题,如不能妥善解决将进一步向上级部门反映。

（2）非典型投诉

非典型投诉指的是客人没有正面或直接提出自己的不满,而是旁敲侧击地提到,也并非一定需要酒店为他解决问题。如:前厅的接待员在征求入住客人对所安排的房间是否满意时,客人说:"价格、设备、服务都不错,就是空调制冷效果差了点。"虽然这位客人的言语并不像是投诉,但毕竟向酒店传达了一种批评的信息,仍需要重视。

（3）控告性投诉

控告性投诉指的是客人已被激怒,情绪激动,要求投诉对象做出某种选择或承诺。如:王先生是某酒店的一位老客户,一天,他和往常一样,因商务出差,来到了该酒店。由于暂时没有客房,王先生决定先去吃饭,他到前台把手提包寄存那里,并告知晚上22：00以前来取,由于是常客,他没有拿收条或寄存牌之类的凭证。当王先生晚上来拿行李时,却被告知需要寄存条,并声称找不到他的行李。王先生勃然大怒,声称包内有重要文件和很多现金,要求酒店处理有关人员并赔偿他的损失。

（4）批评性投诉

批评性投诉指的是客人情绪平静地阐述其对酒店的不满,但不一定要酒店做出什么承诺。如:张先生是酒店的熟客,他每次入住后,酒店的公关部经理都要前去问候。张先生这次的建议是:"我早就说过,我不喜欢房里放什么水果之类的东西,可这次又放上了。还有,我已经是第12次住你们酒店了,但前台居然不让我在房间Check-in,我知道,你们现在生意好了,有没有我这个穷客人都无所谓了。"面对这样的投诉,酒店一定要让客人了解到自己的重要性并承诺下次能做好,否则可能真的失去这个客人。

（5）建设性投诉

建设性投诉是指客人对酒店的投诉往往伴随着对酒店的赞誉而发生。客人觉得酒店已做得不错,但仍有需要改进的地方。对于此类投诉,酒店应及时采纳并做出相应改变,这对回头客的到来相当重要。

3. 投诉的处理方法和程序

（1）保持冷静,不与客人争辩

客人投诉时,心中往往充满怒火,要设法使客人冷静下来,而不是反驳客人的意见。对那些情绪激动的人,不便在公共场合处理,可请客人到办公室或到客人房间单独听取意见,这样容易使客人的情绪平静下来,人越多越容易起哄。

（2）认真记录要点

认真记录客人的投诉要点,记录不仅可以放慢客人的讲话速度,缓和客人的情绪,而且还可以使客人确信,酒店对其反映的问题是重视的。此外,记录的资料可以作为今后解决投诉的根据。

（3）对客人表示理解与同情

设身处地地从客人角度出发，换位思考，对客人的感受表示理解，用适当的语言和行为安慰客人，让客人将不满情绪转化为理解和包容，因为此时尚未核实客人的投诉，所以只能对客人表示理解与同情，不能直接承认错误。

（4）给予关心，不转移目标

不应该对客人的投诉采取"大事化小、小事化了"的态度，应该表示对投诉客人的关心、理解，并把注意力集中在客人提出的问题上，不随便引申、扩大态势，不推卸责任，更不能把责任推到客人头上。

（5）解决问题应该迅速采取行动

如果问题能够解决，应迅速回复客人，告诉客人处理意见。对一些明显是酒店服务工作的失误，应立即向客人致歉，在征得客人的同意后，做出补偿处理。对于不能立即解决的问题，告诉客人大致所需的时间，并及时向上级报告，要耐心向客人解释，取得谅解，告诉客人估计解决问题所需时间，请客人留下地址和姓名，以便日后告诉客人最终处理的结果。切记不可对客人表示权利有限、无能为力，更不可向客人作不切实际的许诺。

（6）感谢客人的批评指教

只要客人的投诉性质不是属于无理取闹，酒店都应真心诚意地对客人的投诉表示感谢，因为客人的投诉在某种意义上指出了酒店经营过程中存在的问题，是对酒店的批评指正。

（7）检查落实并记录存档

检查核实客人的投诉是否已得到圆满解决并将整个过程写成报告存档，以便酒店吸取经验教训，举一反三，起到将坏事变好事的转化作用，以利于今后工作的完善和预控管理。

4. 预防客人投诉的方法和技巧

（1）正确认识客人

正确认识客人是建立良好宾客关系的前提条件。前厅服务人员在工作中应牢记自己的社会角色：服务人员是"服务的提供者"，而客人则是"服务的接受者"，是"服务的对象"。为此，前厅部的员工在工作中，应时刻提醒自己：

① 不对客人评头论足：对客人评头论足是一种不礼貌的行为。服务人员应尽量避免此种不良的行为。

② 不与客人争输赢：不要为鸡毛蒜皮的小事与客人比高低、争输赢，因为无论你是输是赢，都将导致客人对酒店的严重不满。

③ 不把客人当做"说理"的对象：在与客人的交往过程中，服务人员应该做的只有一件事，那就是为客人提供服务，而不应该去对客人"说理"，尤其是当客人不满意时，千万不可为自己或酒店辩解，更不应将服务停下来去对客人讲理。

④ 不可"教训"客人：当某些客人的一些行为影响了酒店的形象时，服务人员不可试图"教训"或"改造"客人，而应牢记为其提供服务的职责，即使确实需要教育客人，也应借助于"为客人提供服务"的特殊方式进行，应进行礼貌地提醒。

（2）掌握客人对酒店产品的需求心理

客人入住酒店，对酒店的产品存在着以下两种心理需求：

① 求补偿。即要在日常生活之外，求得他们在日常生活中未能得到的满足——更多的新鲜感、更多的亲切感和更多的自豪感。

② 求解脱。即要从日常生活的精神紧张中解脱出来。要使客人"解脱"、体验更多的新鲜

感、亲切感和自豪感，前厅部服务人员不仅要为客人提供各种方便，帮助他们解决种种实际问题，而且要注意服务的方式，做到热情、周到、礼貌、谦恭，使其感觉到一种从未有过的轻松、愉快。

（3）掌握与客人的沟通技巧

① 重视为客人提供"心理服务"。"心理服务"是消费者除了满足实际需要以外，还希望得到心灵上的享受，其中一个重要的组成部分便是他们与酒店服务人员之间的交往。这种交往常常对客人能否产生轻松、愉快的心情起着决定性的作用。因此，前厅服务人员若能让来店的客人产生轻松、愉快的感觉，便是为客人提供了优质的"心理服务"。

> **小提示**
>
> 处理顾客投诉十注意：
> ① 提早起立问候；
> ② 学会道歉；
> ③ 设法解决客人问题；
> ④ 注意聆听；
> ⑤ 注意平息客人的怒气，不与客人争辩；
> ⑥ 通过岔转话题，转移客人怒火；
> ⑦ 向客人提出新建议，并指出新建议的好处；
> ⑧ 站在客人立场考虑问题（换位思考）；
> ⑨ 通过倒茶、送水果等物质手段向客人致歉，缓和气氛；
> ⑩ 有始有终，以告别语给客人留下好印象。

② 对待客人，要"善解人意"。所谓"善解人意"，就是指前厅服务人员要善于察言观色，正确判断客人的处境和心情，并根据客人的处境和心情，对其做出适当的语言和行为反应。

③ 否定自己而不是否定客人。当与客人的沟通出现障碍时，要善于否定自己，而不是否定客人。例如，应该说："如果我有什么地方没有说清楚，我可以再说一遍。"而不应该说："如果您有什么地方没有听清楚，我可以再说一遍。"

对于酒店而言，投诉既是件坏事，又是件好事。说它是件坏事，是因为接待投诉客人也是一件令人不愉快的事，是一种挑战，而且还有可能会使被投诉的对象（有关部门或人员）感到不愉快，甚至受到惩罚。说它是件好事，是因为投诉又是一个信号，它指出了酒店服务和管理中存在的问题。为此，有人将投诉形象地比喻成医生，它免费为酒店提供诊断，以使酒店管理者能够对症下药，改进服务和设施，吸引更多的客人前来投宿。因此，管理阶层对于客人的投诉必须给予足够的重视。

课后小舞台

1. 客史档案的重要性不言而喻，那么该如何建立一份比较好的客史档案呢？根据本模块所学内容，谈谈如何建立客史档案。

2. 客人会因为各种各样的原因进行投诉，因此牢记投诉的处理方法和程序十分重要，请根据本模块所学内容谈一谈你的看法。

3. 处理客人投诉时，良好的沟通不仅可以化解客人的怒气，还会给客人留下好印象，而不好的处理可能造成客人的流失，请根据本模块内容谈谈与客人的沟通技巧。